Reiner Jungnitsch

Gottes-Gerede

Reiner Jungnitsch

Gottes-Gerede
Erkundung als Rechenschaft

BOD Norderstedt

Bibliografische Information der Deutschen Nationalbibliothek:
Die Deutsche Nationalbibliothek verzeichnet diese Publikation in der Deutschen Nationalbibliografie; detaillierte bibliografische Daten sind im Internet über http://dnb.dnb.de/ abrufbar.

Umschlagfoto: https://pixabay.com/de/

Herstellung und Verlag:
BoD – Books on Demand, Norderstedt

ISBN 9783754311288

Inhalt

1. Frage mit Untergrund

Lieber Freund,

du fragst mich, ob es Gott gibt. Darauf will ich gerne antworten, doch schon die Form deiner Frage lässt mich stocken. Du erwartest offenbar ein klares Ja oder Nein. Was aber bedeutet dir eine solche Antwort? Was ist damit geklärt? Was verbindest du mit dem Wort Gott? Was hätte ich also mit einem einfachen Ja oder Nein bestätigt oder abgelehnt? Bevor die so simpel gestellte Frage nach Gott ebenso simpel alternativ beantwortet werden könnte, wäre erstmal genauer zu bestimmen, was jeder von uns mit diesem Wort verknüpft, welche Gottesvorstellungen sich in dieser Frage faktisch begegnen. Ich neige nämlich zu der Annahme, dass wir vermutlich nicht dasselbe meinen, wenn wir von Gott reden.

Ich will mich also nicht um eine Antwort drücken, vielmehr möchte ich dich zu einer sachlichen Erkundung, einer Spurensuche einladen, damit wir gemeinsam deutlicher erkennen können, worum es bei der Frage nach Gott eigentlich geht, was mit dem Wort gemeint sein kann, was es für Menschen bedeutet, mit welchen Argumenten darüber gestritten wurde und wird, was eine aufgeklärte theologische Gottesrede unserer Tage dazu zu sagen weiß.

Um es gleich eingangs klarzustellen: Wir bewegen uns dabei vor allem im Dunstkreis der biblischen und christlichen Tradition, da sie in unseren Breitengraden die prägende Überlieferung ausmacht. Dennoch werden wir einen vorsichtigen Blick über den christlichen Tellerrand hinaus zu den anderen großen religiösen Strömungen zu wagen haben, denn das Thema Gott ist so weitreichend und vielfältig, dass es schon ziemlich arrogant anmutet, nur die eigene (christliche) Sicht genauer unter die Lupe zu nehmen ohne die fremden Standpunkte wenigstens anzuhören und in das eigene Nachdenken einzubeziehen.

Für eine sachgerechte Erkundung in der Sache sollten wir aber noch ein paar andere Gesichtspunkte mitbedenken: Beginnen wir der Sprache. Deine Frage, ob Gott existiert, führt zwangsläufig zu der analytischen Überlegung, was es überhaupt bedeutet, wenn wir von irgendeiner Sache behaupten, dass das Gemeinte existiert. Wie reden wir korrekt über die uns umgebende Wirklichkeit, wann nennen wir etwas zu Recht real, wann ist das, was ein Wort bezeichnet, doch „bloß" eine Idee, eine Phantasie oder eine Einbildung, also scheinbar nicht im üblichen Sinne „wirklich"? Unsere Sprache ist eine komplexe Angelegenheit, die manchmal recht verwirrend daherkommt und uns nicht immer die gewünschte Klarheit beschert.

Sodann lässt sich auch nachfragen: Wieso stellen wir überhaupt die Frage nach Gott – als angeblich einem übersinnlichen höchsten Wesen? Was sagt das über uns als Fragende? Wer sind wir Menschen, dass es uns zu der Suche nach einer Dimension des Göttlichen, nach einer letzten ultimativen Wirklichkeit jenseits aller weltlichen Wahrnehmungen treibt? Wieso geben wir uns nicht mit der vorfindlichen Realität zufrieden, vermuten noch eine andere Welt „über" bzw. „hinter" unserer Alltagswelt, in die wir hineingeboren wurden und in der wir uns hinlänglich auskennen und das tägliche Überleben zu organisieren wissen? Unsere Frage nach Gott verrät letztlich mehr über uns selbst als zunächst vermutet.

Und die Gottesfrage stellen wir im Kontext unseres Daseins in dieser Welt, von der wir heute wissen, dass sie einen Anfang hatte und sich über einen unvorstellbaren langen Zeitraum entwickelt hat. Was sagt uns die Naturwissenschaft über unsere Welt, über den Beginn des Kosmos, über unsere irdische Heimat in diesem unendlich erscheinenden Weltall, über die Geschichte alles Lebendigen und speziell über den Homo Sapiens, der all dies erforscht, weil er verstehen möchte, was diese Welt im Innersten zusammenhält?

Neben diesen grundlegenden Erwägungen über unsere Sprache, unser Selbstverständnis und unser Weltwissen soll sich unsere Erkundung dann der inhaltlichen Perspektive zuwenden. Der Glaube an zahlreiche Götter oder auch nur an einen einzigen Gott durchzieht die gesamte Kulturgeschichte der Menschheit. Doch schon im antiken Griechenland machten sich erste Zweifel an der Gültigkeit dieses religiösen Denkens breit, erfuhr die Religionskritik eine erste Blütezeit. Insbesondere die letzten Jahrhunderte machten den sogenannten Atheismus gesellschaftsfähig und führten den Einfluss der christlichen Kirchen auf einen absteigenden Ast. Was waren also die so wirksamen Argumente der Gottes-Bestreiter, insbesondere der modernen Kritiker Ludwig Feuerbach, Karl Marx, Friedrich Nietzsche und Sigmund Freud? Und was ist auf ihre Kritik seitens der Theologie zu antworten?

Die christliche Theologie umfasst ihrerseits eine lange Tradition des Nachdenkens über Gott, basierend auf den Schriften der Bibel und parallel dem reichen Fundus der Philosophie. Wie redet also die Bibel von Gott? Welchen Orientierungswert haben die biblischen Texte für uns im 21. Jahrhundert? Was trägt die heutige Theologie zu einer verantwortbaren Gottesrede bei?

Und schließlich: Meinen die Gläubigen der verschiedenen Religionen unter dem Stichwort Gott nicht letztlich doch dasselbe, trotz unterschiedlicher Bezeichnungen? Wie stehen die Religionen in ihren Glaubensbekenntnissen zueinander? Hat Gott viele Gesichter? usw.

Ich hoffe, es verschlägt dir nicht schon jetzt den Atem angesichts dieses aufgeschlagenen Horizontes für unseren Erkundungsgang. Aber keine Sorge, ich werde mich bemühen auf dem Teppich zu bleiben, ganz im Sinne des großen mittelalterlichen Theologen Thomas von Aquin (1225-1274), der sich im Vorwort seiner berühmten „Summe der Theologie" vornahm, „alles das, was zur christlichen Religion gehört, hier in einer Weise zu erklären, wie es für die Belehrung von Anfängern sich geziemt."

Schauen wir also, was sich entdecken und klären lässt.

2. Beim Wort genommen

Die menschliche Sprache ist eine phantastische Sache. Etwa 6.500 Sprachen haben die Forscher auf unserem Planeten gezählt. Manche haben sich zu Weltsprachen entwickelt, andere werden nur von kleineren Bevölkerungsgruppen gesprochen. Aber das ist nur Statistik. Jede Sprache ist quasi ein eigener Kosmos, der darüber Auskunft gibt, wie die Menschen in der jeweiligen Sprachwelt die Welt und sich selber verstehen. Wie Dinge, Situationen und Wahrnehmungen benannt werden ist dabei immer auch von kulturellen und geografischen Gegebenheiten geprägt. Die Bewohner des Polarkreises etwa kennen ganz verschiedene Ausdrücke für „Eis". Ihr Umweltwissen macht da wichtige Unterscheidungen in der Beschreibung, weil die exakte Benennung der Dinge in der Natur für ihre Orientierung und ihr Überleben wichtig ist. Ähnliches fand man bei den Beduinen in Wüstengebieten, die die Qualität von Sand in verschiedenen Wörtern zum Ausdruck bringen, während bei uns Sand eben Sand ist. Wer mehr und genauer sieht, weiß mehr über die Dinge dieser Welt und kann sein exakteres Wissen auch sprachlich besser kommunizieren.

Wahrscheinlich hast auch du schon die irritierende Erfahrung gemacht, dass du jemandem etwas mitteilen wolltest, der Andere dich aber völlig missverstanden hat.

Das Ergebnis kann zwar zur gegenseitigen Belustigung beitragen, führt aber manchmal auch zu einem ernsthaften Konflikt. Dabei hattest du selber den Eindruck, dich korrekt und sachgerecht ausgedrückt, die richtigen Worte gewählt zu haben, dennoch kam etwas völlig anderes im fremden Ohr an. Solche Situationen machen dann immer wieder klar, dass Sprechen und Hören grundsätzlich anders funktionieren als etwa die Datenübertragung zwischen zwei Computern. Unsere Sprache ist eben keine reibungsfreie 1:1-Übermittlung von gesprochenen oder geschriebenen Inhalten. Was wir ausdrücken wollen, „verpacken" wir gewissermaßen in ausgewählte Worte und können immer nur annehmen, dass der Zuhörer das Gemeinte in dem von uns beabsichtigten Sinne aufnimmt. Worte sollen nicht nur gehört, sie wollen verstanden werden, sind also immer ein Gegenstand von Interpretationen. Noch größeres Gewicht erhält dieses Deuten etwa bei nonverbalen Signalen: eine bestimmte Gestik oder Mimik, ein Räuspern, ein Stöhnen, selbst ein Lächeln oder einen Kuss gilt es „richtig" zu verstehen – und entsprechend darauf zu reagieren.

Insbesondere das gesprochene Wort ist eben mehr als nur eine Folge von Schallwellen, die vom Hörer eindeutig entschlüsselt wird. Jedes Gespräch ist eine recht komplexe Angelegenheit des Austauschs von geistigen Inhalten, von Gedanken, Gefühlen, Erfahrungen, Stimmungen, Meinungen, Absichten usw.

Unsere Sprache ist einerseits die wichtigste zwischenmenschliche Brücke zur Verständigung, zugleich ist sie immer wieder die Mutter aller Missverständnisse (1). Manche unserer Wörter (besser: Begriffe) sind wahre Tummelplätze von Mehrdeutigkeiten. Sätze wie „Ich liebe dich!", „Ich liebe das Meer!", „Ich liebe Mozart!" oder „Ich liebe das Motorradfahren!" drehen sich zwar alle um die Liebe, verwenden den Begriff aber in höchst unterschiedlicher Bedeutung. Wer definiert nun übergreifend, was Liebe ist? Das wird gar nicht möglich sein, jedenfalls solange wir nicht krampfhaft eine bestimmte Beschreibung zur einzig gültigen erklären. Das würde aber der gemeinten Sache nicht gerecht und führt kommunikativ in eine Sackgasse. Die wirklich großen Wörter bilden quasi Hinweis-Schilder in die Richtung der mit ihnen gemeinten Realität, erlauben aber keine genaue und abschließende „Definition", mit der die Sache für jeden dauerhaft geklärt wäre. So funktioniert es mit der Liebe nicht, auch nicht mit einer Reihe anderer „großer" Wörter wie Leben, Zeit, Freiheit, Gerechtigkeit, Schuld, Sinn u.a.m. Auch mit dem Wort Gott verhält es sich ähnlich. Derartige Begriffe, die ganz unterschiedlich gefüllt sein können, verlangen daher im Gespräch nach weiteren Worten der Aufhellung.

Das mit dem Begriff gemeinte lässt sich in diesen Fällen nur versuchsweise umkreisen, aber nie formelhaft auf einen abschließenden Punkt bringen. Die Wahrheit des sprachlich Angedeuteten wird uns letztlich nur in einer pluralen Gestalt zugänglich. Mehr ist nicht drin, wenigstens nicht in der gewöhnlichen Form unserer begrifflichen Alltagssprache. Doch es gibt Auswege.

Gar nicht so selten benutzen wir Ausdrücke, die wir gar nicht wortwörtlich meinen, die aber das Bezeichnete ziemlich passend in Worte fassen. Wir reden dann in Bildworten, Metaphern: „Ich stehe gerade voll auf dem Schlauch", „Das ist mir auf den Magen geschlagen", „Mein Chef sitzt mir im Nacken" usw.
So bildreich-verschlüsselt reden wir ohne es zu merken. Das kommt daher, weil wir alle gemeinsam über diese Sprachschlüssel verfügen. Wir haben gelernt, dass man diesen oder jenen Sachverhalt mit einer solchen Metapher eben ganz treffend auf den Punkt bringen kann und zugleich annehmen darf, dass jeder ziemlich genau weiß, was gemeint ist.
Eine Metapher ist auch ungleich passender als eine umständliche, nüchterne Beschreibung. Sie enthält nämlich in dem benutzten Bild quasi einen „Überschuss" an Bedeutung, einen Spielraum zur Interpretation, den jeder Hörer mit der eigenen Phantasie ausfüllen kann.

Man nennt das eine symbolische Sprache. „Die Symbolsprache ist die Sprache, in der wir innere Erfahrungen so zum Ausdruck bringen, als ob es sich dabei um Sinneswahrnehmungen handelte, um etwas, was wir tun, oder um etwas, was uns in der Welt der Dinge widerfährt. Die Symbolsprache ist eine Sprache, in der die Außenwelt ein Symbol der Innenwelt, ein Symbol unserer Seele und unseres Geistes ist" (2).

Diese Sprachgattung begegnet uns in Märchen, Mythen, Sagen, Legenden sowie in unseren Träumen. Für unsere Ausgangsfrage nach Gott ist diese Unterscheidung von zentraler Bedeutung, denn die Sprache der Religion bedient sich weithin einer metaphorischen und symbolischen Ausdrucksweise. Darauf werden wir an späterer Stelle noch zurückkommen.

Bevor wir auf einen letzten Aspekt unseres Themas im Kontext der Sprachwelt eingehen, möchte ich dir an einem Beispiel die symbolische Sprache des Mythos etwas näherbringen, um den Verständnishorizont unserer weiteren Überlegungen zur Gottesfrage anzubahnen (3).

Der Begriff Mythos stammt aus dem Griechischen und bedeutet allgemein „Wort", „Rede", „Erzählung" oder „Dichtung". Der Begriff wurde und wird sehr unterschiedlich verwendet, so dass Mythen weder eine einheitliche Gattung darstellen, noch auf gleichem Niveau angesiedelt sind.

Mythen „erzählen von der Urzeit, von der Schöpfung des Universums und der Erde, insbesondere von Göttern und Heroen, ihren Kämpfen. Leiden und Siegen. Auch

Menschen sind in diese Welt eingebunden, weil sich göttliche und irdische Welt miteinander verschränken" (4). Typische Kennzeichen von Mythen bzw. der mythischen Sprache sind:

a) Ein Mythos versteht die Welt und das Menschsein aus der Perspektive des unmittelbaren Erlebens, also nicht aus dem Abstand einer nachträglichen rationalen Reflexion. Reste mythischer Sprache leben immer noch in unserer Alltagsrede fort: der Sonnenaufgang und – untergang, dass sich „der Himmel über uns wölbt" und beim Regen „seine Schleusen öffnet". Wir sprechen auch immer noch von einer „Sisyphusarbeit", einer endlosen „Odyssee" oder einer „babylonischen Sprachverwirrung". Alles Existierende wird als belebt und beseelt betrachtet: Quellen „murmeln", Zweige „rauschen", Vögel „singen", Berge „speien Feuer" und der Donner „grollt".

b) Mythen entsprechen vielen menschlichen Grund-bedürfnissen. Als Modelle der Welt- und Lebensdeutung antworten sie auf die Sehnsucht nach Geborgenheit und einer gewissen „Transparenz" der Geschehnisse. Dadurch verleihen sie dem Weltgeschehen einen nachvollziehbaren Sinn, erwecken und erhalten das Vertrauen in die oft als rätselhaft, feindselig und ungerecht empfundene Welt.

c) In einem Mythos verbinden sich jeweils ein bestimmtes Gottes-, Welt- und Menschenbild. Diese Deutungen der Weltwahrnehmung wurden dann im Rahmen von Festen und Feiern erinnernd vorgetragen, begleitet von Gesang, Tanz und Ritualen.

In Mythen erzählten die alten Völker also, was ihr Leben trägt und bestimmt. Die Inhalte ereignen sich in einer unhistorischen Urzeit und erschließen existenzielle Wahrheiten, die in ihrer Gültigkeit nicht hinterfragt werden. Mythen fungieren somit als fundierende Erzählungen, mit denen politische oder religiöse Gemeinschaften ihre Identität begründen: Wer sind wir und was unterscheidet uns von anderen?

Dieses Muster kehrt auch in biblischen Geschichten wieder, etwa die Paradiesgeschichte, der Kain-Abel-Konflikt, das Sintflut-Drama, das Exodus-Thema sowie die Christuserzählungen der Evangelien. Im Neuen Testament sind beispielsweise die Szene vom Taufwunder (Mk 1,9ff), die Versuchung Jesu (Mk 4,1-11) oder die Verklärung Jesu (Mk 9,2ff) deutlich von mythischen Traditionen beeinflusst.

Die Frage nach dem Ursprung, dem Woher der Welt, des Lebens und der Menschen bewegte unsere Vorfahren seit frühester Zeit. Die ältesten Antworten konnten nur im Rahmen eines mythischen Weltbildes Gestalt annehmen.

Sie erzählen „von einem Urgeschehen, von dem Aufstieg einer Welt aus dem Nichts am Anfang. Immer ist es ein göttliches Urwesen – oft einfach da, oft aus dem Nichts hervorgehend – das aus einem Ur-Chaos eine Ordnung schafft, einen Kosmos, in dem Menschen dann leben, ihren Weg antreten können. (…) Schöpfungsmythen helfen, zugleich sinnvoll mit der Gottheit zu leben und sinnvoll mit den Menschen umzugehen" (5). Unabhängig voneinander weisen die Mythen vieler Völker erstaunliche Ähnlichkeiten auf. Die folgenden Beispiele von Schöpfungsmythen (6) mögen dir diese mythische Vor-stellungswelt ein wenig illustrieren:

1. Griechenland (Hesiod):

Zuallererst war Chaos da. Es war der leere Raum. Und dann war da Gaia, die Urmutter Erde. Und dann war da Tartaros, der Abgrund. Und dann war da Eros, die Kraft der Liebe. Eros wirkt auf ewig. Und aus dem Chaos ging Dunkel hervor. Und dann erschien das Licht. Und Gaia erzeugte Himmel und Erde; der Himmel war Uranos. Und Gaia verband sich mit Uranos.

2. Nordamerika (Hopi):

Die erste Welt war Tokpela - unendlicher Raum. Zuerst, so heißt es, gab es nur den Schöpfer Taiowa. Alles Übrige war unendliche Leere ohne Anfang, ohne Ende, ohne Zeit, ohne Form, ohne Leben. In dieser unermesslichen Leere waren Anfang und Ende, Zeit, Form und Leben allein im Geist des Schöpfers Taiowa. Denn er, der Unbegrenzte, erdachte das Begrenzte.

3. Mittelamerika (Maya):

Das ist die Kunde: Da war das ruhende All. Kein Laut. Reglos und schweigend die Welt. Und des Himmels Raum war leer. Dies ist die erste Kunde, das erste Wort. Noch war kein Mensch da, kein Tier. Vögel, Fische, Schalentiere, Bäume, Steine, Höhlen, Schluchten gab es nicht. Kein Gras. Keinen Wald. Nur der Himmel war da. Noch war der Erde Antlitz nicht enthüllt. Nur das sanfte Meer war da und des Himmels weiter Raum. Noch war nichts verbunden. Nichts gab Laut, nichts bewegte, nichts erschütterte, nichts brach des Himmels Schweigen. Noch gab es nichts Aufrechtes. Nur die ruhenden Wasser, das sanfte Meer, einsam und still. Nichts anderes.

4. Indien (Rigveda):

Nicht Nichtsein war damals und nicht das Sein. Kein Luftraum war, kein Firmament. Wer hielt die Welt? Wer schloss sie ein? War es das Wasser im Abgrund? Nicht Tod war da und nicht das Leben, nicht Sonne, nicht Mond und nicht die Sterne. Dann aber kam es zum Seienden. Das Eine war da. Da war Atem. Dunkelheit war noch in der Welt. Das All – ein großes Gewoge.

Diese bildgewaltigen Erzählungen sprechen wohl für sich selbst, so dass wir sie an dieser Stelle nicht genauer zu analysieren brauchen.

Heute wird der Begriff Mythos auch für „Ereignisse, Personen und Gegenstände benutzt, die einen hohen symbolischen Wert besitzen.

So spricht man vom Faust-Mythos, aber auch vom Mythos Olympia, vom Mythos Fortschritt, vom Papst-Mythos oder vom Mythos Harley-Davidson" (7).

Andererseits taucht z. B. das aus vielen Mythen, Legenden und Märchen bekannte Drachen-Motiv auch im zeitgenössischen Kino wiederholt auf, z. B. in „Game of Thrones" oder „Der Herr der Ringe". Überhaupt schöpfen die Filmemacher gerne aus dem reichen Fundus der Mythen („Thor", „Avengers" usw.), wo es um Engel, Teufel und Dämonen geht oder Helden-Epen in unhistorischer Zeit („Conan"). Selbst der Science-Fiction-Film greift mythische Elemente gerne auf („Star Wars", „Alien", „Prometheus", „Supermann", „Batman" u. a.).

Die oben genannte Wortbedeutung des Mythos als „Wort" und „Rede" weist noch auf eine wichtige Unterscheidung hin, da nicht jedes Wort wie das andere ist. Schon im antiken Griechenland wusste man verschiedene Sprach-ebenen zu unterscheiden. War zuvor der Mythos die vorherrschende Sprachform, etwa bei Homer, so wandelt sich die Sprachform mit dem Aufblühen der Philosophie (Platon, Aristoteles) hin zu einer mehr begrifflichen, nüchternen und argumentierenden Redeweise. Wussten die Menschen früher noch nicht zu unterscheiden zwischen Wort und Bedeutung, war ihnen ihre symbolische Sprache als solche nicht bewusst. Der sogenannte Logos verdrängte mit der Zeit den Mythos als alles bestimmende Denkform.

Im Logos (eben auch „Wort" im Sinne von Rationalität, Vernunft) sind dann die Wissenschaften zu Hause, im Mythos aber verbleiben Dichtung, Kunst und Religion. Der Sprachgebrauch des Logos ist klar, präzise und überprüfbar, macht wissend. Der Mythos dagegen will nicht beweisen, zielt auf einen umfassenden Sinn, macht weise. Beide gegeneinander auszuspielen zeugt von einem einseitig-verkürzenden Blickwinkel. Erst das konstruktive Miteinander von Mythos und Logos, Naturwissenschaft und Religion, vermag sich der Wahrheit zu nähern.

Nochmals: Es geht grundsätzlich um das Zueinander von Sprache und Wirklichkeit. Wie exakt können wir eine erfahrene Wirklichkeit in der Sprache abbilden? Wieweit wird das von mir Wahrgenommene und Gedachte mittels meiner gewählten Worte dem Hörer nachvollziehbar und verständlich? – Wir haben gesehen, wie dynamisch und offen der Vorgang von Sprechen und Hören sein kann. Gleiches gilt für die Wahrnehmung der Dinge selbst. Ein Richter, der fünf Zeugen eines Unfalls befragt, erhält nicht selten auch fünf unterschiedliche Beschreibungen desselben Ereignisses. Dabei sagen alle Zeugen die Wahrheit, *ihre* Wahrheit, wie sie das Geschehene aus der je eigenen Perspektive wahrgenommen haben. Die offenkundigen Widersprüche widerlegen eben nicht die Gültigkeit der Aussagen. Die letzte Wahrheit ist in diesem

Falle plural. Nicht anders würde es mir ergehen, wenn ich fünf deiner Angehörigen und Freunde um eine möglichst genaue Charakterisierung deiner Person bitten würde. Trotz einer gewissen Schnittmenge in den Auskünften werden sich bemerkenswerte Differenzen zeigen. Und doch ist alles wahr. Eine Wahrheit mit vielen Facetten. Mit dieser Unschärfe in der Erfassung und Beschreibung der Wirklichkeit kommt nicht jeder gleich zurecht.

Das führt, neben der Frage nach der korrekten Bezeichnung einer Sache, konsequent zu der Überlegung, wieweit wir die gemeinte Sache überhaupt richtig und umfassend erkennen. Sind die Dinge so wie wir sie sehen? Täuschen uns nicht manchmal unsere Sinne? Wie objektiv ist unsere Wahrnehmung? Wie funktioniert Wahrnehmung überhaupt? Sind alle unsere Erkenntnisse, unser Wissen über die Welt, ausschließlich von unseren körperlichen Sinnen abhängig? Was können wir zweifelsfrei als real, als wirklich gelten lassen?

Das Buch, das du gerade vor dir hast, wirst du bedenkenlos für real halten. Schließlich kannst du es sehen und anfassen. Bei den meisten materiellen Objekten dürften wir uns über deren realen Charakter schnell einig werden. Wie steht es aber mit Begriffen, die nur scheinbar auf eine physikalische Realität hinweisen, beispielsweise dem Nordpol?

„Der ist auch auf der Landkarte eingezeichnet. Also muss man wohl hinreisen und seine Existenz nachprüfen können. Oder? Nun: ich habe bei einem Flug von Alaska nach Südkorea den Nordpol überflogen. Wären wir im Eismeer gelandet, so hätte ich mich auf den Nordpol setzen können... Oder doch nicht? Nein! Denn den Nordpol gibt es zwar, aber als etwas vom Menschen Errechnetes, Erdachtes. Es gibt auch den Südpol nicht und den Äquator und die Wendekreise und die Erdachse. Und doch müssen wir annehmen, dass es sie gibt, denn: wir erfahren ihre Wirkung. Die Erde dreht sich, und jede Drehung erfolgt um eine Achse. Also gibt es die Erdachse. Es gibt verschiedene Arten von Wirklichkeit." (8)

Diese Erläuterung stammt von der Schriftstellerin Luise Rinser (1911-2002), die zur Verdeutlichung noch ein kleines Beispiel anfügt: „Wenn du einen Tisch anschaust, dann siehst du eine in besonderer Form angeordnete Ansammlung von Atomen. Zerschlag den Tisch, dann hast du einfach nur Holzstücke. Verbrenn diese Holzstücke, und der Tisch ist nicht mehr da. Aber man kann einen neuen Tisch machen, denn: was zerstört wurde, ist nur die Materie, aber nicht die Idee >Tisch<. Erst wenn im menschlichen Bewusstsein die Idee Tisch zerstört würde, wäre kein Tisch mehr möglich. Die echte

Wirklichkeit liegt also nicht in der Materie, sondern in der Idee." (9)

Durch diese Einsicht erweitert sich nun merklich das, was wir Wirklichkeit nennen. Geistige „Dinge" dürfen wir also auch als „wirklich" durchgehen lassen. Zahlen etwa, oder eine Gerade, kommen in der äußeren Natur nicht vor. Sie sind keine materiellen Objekte im klassisch physikalischen Vokabular, dennoch sind sie für uns höchst real. Man kann hier sogar noch zuspitzen: Du darfst mit guten Gründen über dich selbst sagen „Ich bin, ich existiere, es gibt mich". Würdest du ebenso gelten lassen, dass es Micky Maus, die Hobbits, Batman, Elfen und Einhörner „gibt"?

Vermutlich wirst du etwas zögern mit einer Zustimmung, doch um ein generelles Ja führt kein Weg herum. Wichtig ist hier die Unterscheidung, in welchem Sinne man jeweils vom Realsein dieser „Objekte" spricht. Natürlich existierst du als Mensch auf eine andere Weise als ein Tisch, eine Wolke, eine mathematische Formal oder der Nordpol. Die Wirklichkeit ist offenbar vielschichtig, was uns zur Vorsicht mahnt, zu schnell über die Existenz oder Nichtexistenz einer „Sache" zu urteilen. Gerade Ideen, also Produkte menschlichen Denkens, können sich als harte und sehr wirksame Realität präsentieren, z. B. die Menschenrechte, die Demokratie, wissenschaftliche Theorien, Mythen oder Religionen. Unser Gehirn bzw.

unser Bewusstsein arbeitet nicht nur an der Verarbeitung und Entschlüsselung der physischen Außenwelt, es schafft selber auch eigene Realitäten.

Ich hatte oben bereits angedeutet, dass unsere sinnlichen Wahrnehmungen faktisch schon immer mit Interpretationen verknüpft sind. Das zeigt sich alltäglich schon beim Vorgang des Lesens:

„Leesn Sie enimal deiesn Txet. Wtteen, Sie vetsehern ihn, owbhol er egitenilch uverntsädnilch ist? - Mit solchen Leseexperimenten hat der Linguist Graham Rawlinson nachgewiesen, dass man Texte auch versteht, wenn die Buchstaben vertauscht sind. Der Versuch zeigt, wie sehr unser Leseverständnis von unserem Vorwissen geprägt ist, und belegt damit: Sehen heißt konstruieren. Statt die Wirklichkeit objektiv wahrzunehmen, sind wir ständig dabei, sie zu interpretieren. Was wir naiverweise für real halten, hängt deshalb stark von unserer persönlichen Deutung ab." (10)

Der Wissenschaftsjournalist Ulrich Schnabel erläutert diese Bedingtheit des Erkennens noch an der Lage der Physiker, die die Realität auf atomarer Ebene erforschen: „In der Welt des ganz Kleinen ist das Mittel der Beobachtung (Licht- oder Röntgenstrahlen) notgedrungen von derselben Größenordnung wie das beobachtete Objekt. Atomphysiker sind daher permanent in der Situation von Blinden, die ihre Umgebung ertasten müssen, um sich von ihr ein Bild machen zu können – und die mit jeder Berührung ihre Umwelt verändern. Überdies bestehen Atome zu über 99 Prozent aus leerem Raum. Und die restlichen Bestandteile wie Elektronen und Atomkerne lassen sich in noch elementarere Partikel zerlegen, darunter die Quarks und das ominöse Higgs-Teilchen. So mussten ausgerechnet die materiell denkenden Physiker in den vergangenen Jahrzehnten erleben, wie ihnen die Materie gleichsam unter der Hand zerbröselte. - Wie man es auch dreht und wendet: Bei der Frage nach der Realität landen wir am Ende bei uns selbst, bei den Begrenzungen und kulturellen Prägungen der menschlichen Wahrnehmung. Vielleicht lautet die beste Antwort auf die Frage nach der Realität daher einfach so: Realität ist stets das, was wir dafür halten." (11)

Es gibt folglich, wie eben Luise Rinser feststellte, verschiedene Arten von Wirklichkeit, sondern entsprechend auch unterschiedliche Zugänge zu diesen „Ebenen" des Wirklichen. Man unterteilt sie gewöhnlich in vier Bereiche:

1. Das Bemühen, Dinge und Kräfte möglichst exakt zu erforschen (z. B. in den Naturwissenschaften und der Mathematik);

2. Die Zusammenhänge umfassend verstehen wollen: (etwa in Geschichte, Politik, Ökonomie);

27

3. Gewonnene Erkenntnisse und Ideen zum Ausdruck bringen (durch Sprache, Musik, Kunst usw.);

4. Dem Ganzen der Erkenntnisse einen Sinn entnehmen bzw. geben (in Philosophie und Religion).

Diese vier Bereiche stehen als Zugangswege gleichberechtigt nebeneinander. Keiner dieser Wege vermag einen anderen zu ersetzen, sie erlauben uns erst in ihrem Zusammenspiel ein hinreichend umfassendes „Bild" der Wirklichkeit zu gewinnen.

Besonders einprägsam zeigt sich das in der Musik. Natürlich kann man eine Beethoven-Symphonie physikalisch in Bezug auf die erzeugten Luftschwingungen untersuchen, oder auch neurologisch aufzeichnen, was während des Konzertes im Gehirn eines Zuhörers vor sich geht. Die Ergebnisse dieser Analysen sind allemal richtig, doch wird wohl niemand behaupten wollen, dass man dadurch das Eigentliche dieser Symphonie angemessen erfasst habe. Dieses Eigentliche liegt woanders, denn „Musik entführt in eine andere Welt. Sie transzendiert die nüchterne Macht der Sprache und spricht weniger die Vernunft an, sondern mehr das Herz und das Gemüt. Sie kann den Menschen betroffen machen, ihn in seinem tiefsten Inneren >angehen<. Sie atmet das Geheimnis des Unsagbaren und verweist auf ein unbegreifliches, umfassendes Gegenüber". (12)

Ähnliches bezeugt die Anekdote über eine russische Ballerina, „die im Kirow-Ballett eine außerordentlich bewegende Vorstellung gab und das Publikum entzückt angesichts dessen zurückließ, was alle als einzigartig inspirierte Gelegenheit begriffen. Später fragte man sie: >Und was sollte es bedeuten?< >Was es bedeuten sollte?< antwortete sie. >Was es bedeuten sollte?< Wenn ich es mit Worten sagen könnte, hätte ich es nicht getanzt." (13)

Nun, was sagt dir das alles über die Frage nach Gott?

3. Wer bist du, dass du fragst?

Bist du jemals in ein abgründiges Staunen über dich selbst verfallen, beim intensiven Betrachten deines Spiegelbildes oder angesichts alter Bilder aus frühen Kindertagen? Wer schaut mich da an? Bin das wirklich ich? – Solche Momente führen schnell zu noch grundsätzlicheren Fragen: Wer bin ich eigentlich? Was meine ich mit dem Wörtchen „Ich"? Seit wann bin ich ich? Wann bin ich ggf. nicht mehr ich? Wieso kann ich im Blick auf mein altes Babyfoto nach Jahrzehnten so sicher sagen „Das bin ich"? Bin ich über die Jahre nicht ein anderer geworden? Was macht diese verbindende Identität aus?

Im größeren Rahmen ganz allgemein gefragt: Was macht mein Menschsein letztlich aus? Was unterscheidet mich als Lebewesen und Person von meinem Hund oder von meinem Computer? Ist das Bewusstsein ein Produkt meines Gehirns oder ist mein Ich-Bewusstsein gar mit dem Gehirn identisch? Muss ich mich selbst als eine genetische Maschine verstehen, als vorläufiges biologisches Endprodukt einer Jahrmillionen dauernden Evolution? Oder besitze ich als Mensch eine sogenannte Seele, die am Ende sogar den Tod überdauert?
Also: Was ist der Mensch, was ist sein „Wesen"?

Wer einmal anfängt, derart fundamentale Fragen zu stellen, kommt nicht so schnell an ein Ende und läuft Gefahr, im Dickicht der Informationen, Meinungen und Theorien die Orientierung zu verlieren. Deshalb will ich mich auf ein paar Akzente beschränken, die mir besonders wichtig erscheinen. Und ich will gleich einräumen, dass ich mir nicht anmaße, auf all die genannten Fragen eine abschließende Antwort anbieten zu können. Dennoch lässt sich einiges klären.

Bleiben wir noch einen Moment beim Staunen über uns selbst, nämlich dem, was die Biologie bis heute über den menschlichen Körper herausgefunden hat. Wusstest du zum Beispiel, dass

- die Nervenzellen unseres Gehirns, würde man sie nebeneinander legen, ein Kabel von 100.000 km Länge ergeben würden?
- das Herz etwa 3 Milliarden Mal im Laufe eines 75-jährigen Lebens schlägt und das oft völlig wartungsfrei?
- unser Körper aus ca. 100 Billionen Körperzellen besteht, die miteinander in Verbindung stehen?
- unser Gehirn aus ca. 100 Milliarden Nervenzellen besteht?
- unsere Lunge mit mehr als 300 Millionen Bläschen eine Oberfläche von 100 Quadratmetern hat?
- die grundlegenden Stimmungen wie Freude, Trauer, Wut, Angst, Ekel und Erstaunen auf der ganzen Welt von allen Menschen mit dem gleichen Gesichtsausdruck mitgeteilt werden?
- wir zu 75 Prozent aus Wasser bestehen?
- unser Körper jede Sekunde etwa 50 Millionen neue Zellen produziert?

- unser Körper täglich 200 Milliarden rote Blutkörperchen verliert und ersetzt?
- unser Gehirn Daten von etwa 30 Millionen Gigabyte speichern kann - so viel wie auf die Festplatten von 300.000 handelsüblichen Computern passt?
- die auseinandergefalteten Schleimhäute des Dick- und Dünndarms eine Fläche von 200 bis 400 Quadratmetern einnehmen?
- unsere Augen über 7 Millionen Farben unterscheiden können? (1)

Staunenswerte Daten als Ergebnis wissenschaftlichen Fragens und Forschens, das von der unerschöpflichen Neugier des Menschen zeugt, der immer exakter wissen möchte, wie die Natur – und eben auch sein eigener Körper - funktioniert. Dieses Wissen dient erstmal einem ganz praktischen Zweck: Die Kenntnisse über Aufbau und Funktionen von z. B. Zellen und Organen ermöglicht das Verstehen und Behandeln von Krankheiten und anderen Beeinträchtigungen.

Biologisch betrachtet gehören wir zur Familie der Primaten, sind also Tiere. Die Evolution hat uns jedoch zu einer besonderen Art von Tieren werden lassen. Der Mensch ist ein sonderbares, ganz einzigartiges Tier. Er ist ein Organismus, hat Sinnesorgane, er wächst, nährt und bewegt sich, besitzt mächtige Triebe - so den Selbsterhaltungs- und Kampftrieb, den geschlechtlichen Trieb und noch andere, genau wie die anderen Tiere. Zugleich ist er jedoch „ein merkwürdiges Tier". Er hat an sich vieles, was wir bei den anderen Tieren entweder gar nicht oder nur ansatzweise finden. „Er ist ja ein missratenes Tier. Schlechte Augen, fast kein nennenswerter Geruch, minderwertiges Gehör, das sind sicher seine Kennzeichen. Natürliche Waffen, etwa Klauen, fehlen ihm fast vollständig. Seine Kraft ist unbedeutend. Er kann weder schnell laufen noch schwimmen. Dazu ist er nackt und stirbt viel leichter als die meisten Tiere vor Kälte, Hitze und ähnlichem." (2)

Dieser biologische Blick beschreibt aber quasi nur den äußerlichen Status quo des Homo sapiens. Nochmals aussagekräftiger werden die vielfältigen Beobachtungen der Verhaltensforscher und Psychologen. So resümiert dazu Richard David Precht: „Er ist das einzige Tier, das weint. Das einzige Tier, das neidet, missgönnt und bereut. Das einzige Tier, das sich schuldig fühlt. Das einzige Tier, das an sich selbst verzweifeln kann. Das einzige Tier, das sich selbst tötet.

Auf der Gegenseite ist der Mensch das vermutlich einzige Tier, das sich bewusst dafür entscheiden kann, moralisch zu sein. »Menschlichkeit« - objektiv betrachtet schließt das Wort alle Eigenschaften des Menschen mit ein, seine Liebe ebenso wie seinen Hass, seine Fürsorge wie seine Selbstsucht, sein Mitgefühl wie seine Teilnahmslosigkeit am Schicksal der anderen.

33

Wir sind in der Tat eine merkwürdige Spezies: Auf der einen Seite ist der Mensch das Lebewesen, das am brutalsten und grausamsten überhaupt sein kann. Zu fast allen Zeiten gab es Folter und Mord, Pogrome und Genozid, Massaker und Krieg. Auf der anderen Seite halten es dieselben Lebewesen normalerweise recht gut miteinander aus. Sie grüßen sich, rempeln sich nicht an, sind meistens recht freundlich zueinander, und sie lachen gerne zusammen. Und sie tun all dies nicht etwa, weil sie Strafen fürchten. Fast jeder von uns bleibt gerne vor einer roten Ampel stehen, wenn kleine Kinder in der Nähe sind. Und was uns daran hindert, das Signal zu ignorieren, ist nicht die Angst vor dem Gefängnis." (3)

Die Frage nach dem Wesen des Menschen verschärft sich angesichts dieses Befundes. Wie konnte es soweit kommen? Warum tun Menschen so etwas? Gehört das alles zwangsläufig zum Menschsein dazu? Sind wir allein naturbedingt, also durch die Evolution zu dem „missratenen Tier" geworden, das wir heute sind und dass sich quasi wie ein Irrläufer der Entwicklung verhält, sich zur ultimativen Belastung für die Erde erweist und dadurch seinen eigenen Untergang herbeiführt?

Ökologische und ökonomische, politische und gesell-schaftliche Probleme, natur- und humanwissenschaft-liche Einsichten der Gegenwart stellen nochmals dring-licher die Frage nach uns selbst. Wer sind wir? Wer und wie wollen wir sein? Haben wir die Freiheit dazu? Woran orientieren wir uns? Welches „Bild" über uns selbst, also welches Menschenbild prägt faktisch unser Denken, Fühlen und Handeln?

War bis zum Beginn der Neuzeit in Europa das sogenannte christliche Menschenbild allgemein kultur-prägend, so ist diese Einheit heute einer Pluralität gewichen und wird weithin von einem wissenschaftlich-technischen Denken bestimmt. Elementar gilt, dass jedes Menschenbild eine Vorstellung davon zum Ausdruck bringt was einen Menschen ausmacht. Es beschreibt das Wesen des Menschen und was ihn von der unbelebten Natur, von Pflanzen und Tieren unterscheidet. Dabei ist ein Menschenbild immer verbunden mit einem Weltbild, das bestimmt ist von wissenschaftlichen, gesellschaft-lichen, politischen und religiösen Überzeugungen. So spricht man z. B. von einem biologistischen, materia-listischen, buddhistischen oder auch sozialistischen Menschenbild.

Den entscheidenden Unterschied zu den anderen Tieren bildet seine spezifische Intelligenz, die den Menschen (mittels seiner komplexen Sprache) zur Reflexion befähigt, ihn anders lernen und das Gelernte weitergeben lässt, neue Qualitätsstufen des Denkens und Problemlösens ermöglicht usw. Kurz: Wir sind neugierig und wissbegierig, lernfähig und gestaltungswillig wie keine andere Spezies in unserer Umgebung. Unsere Intelligenz hat uns das Rad und den Computer erfinden lassen, komplexe mathematische Formeln, die Schrift, phantastische Kunstwerke, Symphonien und Bauwerke hervorgebracht. Kurz: Alles das, was wir „Kultur" nennen.

Eine bis heute heftig geführte Diskussion dreht sich jedoch um die Frage nach dem Ursprung der besonderen Eigenarten des Menschen. Lässt sich auch das spezifisch Menschliche auf rein materieller Basis erklären, als außergewöhnliches Resultat unserer langen biologischen Evolution, wie die Hardliner unter den Darwinisten behaupten? Hier stehen sich zwei unversöhnliche Positionen gegenüber: „1) Entweder ist der Mensch mit allen Eigenschaften das ausschließliche Produkt der Evolution, wie sie von der Biologie beschrieben wird, also ein Tier unter Tieren, oder aber der Mensch hat 2) neuartige Eigenschaften, die nicht in ein evolutionäres Schema hineinpassen. In diesem Fall wird der Darwinismus für diese Eigenschaften unzureichend sein." (4)

Sehen wir uns als reine Naturwesen, die vergleichsweise zwar besser denken, jedoch nicht so gut klettern können wie ein Schimpanse, erst recht nicht zu fliegen vermögen und auch nicht die Sehschärfe eines Adlers besitzen? Der Mensch besitzt dann zwar ein paar Alleinstellungsmerkmale wie jeder andere höhere Organismus, unterscheidet sich aber nicht prinzipiell von den anderen Lebewesen. Er ist wie eine Qualle oder ein Pferd ein Organismus, der ständig Nahrung braucht, sich gerne fortpflanzt und sich bestmöglich seiner Umgebung anpasst. Der Philosoph Hans-Dieter Mutschler zieht hier Bilanz: „Die Biologie erklärt uns die Entwicklung der Lebewesen rein kausal, ohne alle Wertung, d. h. rein horizontal. Als Menschen können wir uns aber so nicht verstehen. Unabhängig davon, welche Moral wir vertreten, unterstellen wir doch immer eine gewisse Hierarchie von Werten, die uns mehr oder weniger wichtig sind. (…) Man braucht doch nur in ein Krankenhaus zu gehen, um sich vom Gegenteil zu überzeugen: In der Natur werden kranke Tiere als Erste gefressen. Die Tatsache, dass die Natur gnadenlos mit den Schwachen umgeht, ist der Motor der natürlichen Evolution. Diesen Motor der Evolution haben wir Menschen außer Kraft gesetzt. Alles, was den Menschen zu einem moralischen Wesen macht, widerspricht den evolutionären Mechanismen. (…) Gerade seine höheren Eigenschaften, wie Moralität und Verantwortlichkeit, sind in einem darwinistischen Schema nicht unterzukriegen. Man muss es ganz hart sagen: Wenn wir uns verhielten wie reine Naturwesen, dann würden wir die Toten nicht etwa begraben, sondern essen, und der Kannibalismus wäre eine sinnvolle Angelegenheit. Das ist es nämlich, was die

Natur macht. Die Natur recycelt alles, selbst die Toten, die vom Geier oder von den Würmern gefressen werden. Weil wir aber die Toten begraben, die Kranken heilen und die Schwachen schützen, sind wir keine reinen Naturwesen, und es gibt folglich starke Emergenz [= Herausbildung neuer Eigenschaften], etwa im Sinn von Moralität. Natur bringt also radikal Neues hervor, und der Mensch ist mit seinen unableitbaren Eigenschaften etwas radikal Neues." (5)

Moral und Verantwortung – wie sie eben qualitativ nur beim Menschen vorkommen, selbst wenn sich im Tierreich erste Vorformen dazu finden lassen – sind charakteristische Kennzeichen des Menschen und basieren auf der Freiheit, sich egoistisch oder sozial verhalten zu können. Die Verhaltenssteuerung durch die genetisch vorgezeichneten Instinkte sind evolutionär beim Menschen erkennbar zurückgetreten zugunsten eines rationalen Handelns, das sich an Einsichten, Werten und Überzeugungen orientieren soll und kann. Das Programm zur Lebensgestaltung ist für uns nicht unverrückbar festgelegt, wir können und müssen selber entscheiden, was wir mit unserem Leben anfangen wollen. Nur wir stellen die schwierige Frage nach dem Sinn des Ganzen.

Sinngemäß hatte das schon im 14. Jahrhundert der italienische Dichter Francesco Petrarca (1304-1374) ausgedrückt: „Was nützt denn bitte das Wissen über die Natur der Tiere, Vögel, Fische und Schlangen, wenn wir die Natur der Menschen nicht kennen, nicht wissen, wozu sie geboren sind, woher wir kommen und wohin wir gehen, und uns für diese Fragen nicht interessieren?" (6) Der russische Dichter Fjodor M. Dostojewskij (1821-1881) formulierte das Problem seinerseits in dem prägnanten Wort: „Die Ameise kennt die Formel ihres Ameisenhaufens, die Biene die Formel ihres Bienenstocks. Sie kennen sie zwar nicht auf Menschenart, sondern auf ihre Art. Aber mehr brauchen sie nicht. Nur der Mensch kennt seine Formel nicht". (7)

Dieser Formel nachzuspüren war und ist von jeher das leitende Thema der Philosophie und der Religion. Was qualifiziert diese beiden wissenschaftlichen Disziplinen vor allen anderen für eine Antwort auf die Frage nach der „Formel" des Menschen?
Im Gegensatz zu den Naturwissenschaften, die ihren Fokus (zwecks effizienterer Erforschung) nur auf einen bestimmten Teilbereich der Wirklichkeit richten und dazu einen sehr speziellen Methodenkoffer verwenden, bleibt die Philosophie radikal offen und kritisch (8). Sie bezieht sich allein auf die Erfahrung, die Logik und die Vernunft.

Für sie zählt allein das, was sich durch eine rationale Argumentation dauerhaft bewährt. Ihr Anfang liegt stets beim Staunen, bei der Verwunderung über alles Vorhandene. Sie stellt das scheinbar Selbstverständliche in Frage: Warum gibt es überhaupt etwas? Was ist das für eine Welt, in der ich mich befinde? Welchen Gesetzen folgt sie und wie kann ich diese erkennen? Es gibt also die Philosophie, weil wir mit uns und der Welt noch eine Rechnung offen haben, weil wir Menschen, soweit wir sehen, offensichtlich die einzige Spezies sind, für die das Leben und die Welt nicht so unbefragt klar und durchschaubar erscheinen. Das philosophische Denken ist also eine von der Vernunft geleitete „Erkenntnisbemühung, die uns eine grundsätzliche Orientierung über das Wesen der Welt und die Maßstäbe für unser Handeln geben will" (9).

Die Religion, besser: die Theologie, ist mit dieser Beschreibung weithin deckungsgleich, bezieht sich für ihre Position jedoch (im Glauben) zusätzlich auf eine göttlich-geoffenbarte Wahrheit, die sich teilweise in überlieferten Schriften („Heiligen Büchern") niedergeschlagen hat.

Der parallele Fragehorizont des religiösen Denkens, der zudem in allen Religionen fast gleich lautet, zeigt sich sehr treffend in einem Dokument des Zweiten Vatikanischen Konzils (1962-1965), wo es um das Verhältnis zu den nichtchristlichen Religionen geht: „Die Menschen erwarten von den verschiedenen Religionen Antwort auf die ungelösten Rätsel des menschlichen Daseins, die heute wie von je die Herzen der Menschen im tiefsten bewegen: Was ist der Mensch? Was ist Sinn und Ziel unseres Lebens? Was ist das Gute, was die Sünde? Woher kommt das Leid, und welchen Sinn hat es? Was ist der Weg zum wahren Glück? Was ist der Tod, das Gericht und die Vergeltung nach dem Tode? Und schließlich: Was ist jenes letzte und unsagbare Geheimnis unserer Existenz, aus dem wir kommen und wohin wir gehen?" (10)

Was Philosophie und Theologie gemeinsam über den Menschen, besser gesagt: über sein geistiges Leben, zu sagen wissen, ist seine Offenheit, seine Unabgeschlossenheit „nach oben", sein sogenannter „Transzendenzbezug". Was damit gemeint ist, formuliert der Philosoph Joseph M. Bochenski (1902-1995) mit einfachen Worten: „Wir haben nämlich verschiedene Besonderheiten des Menschen betrachtet, die ihm alle eine gewisse Würde und Macht verleihen, dank deren der Mensch über alle anderen Tiere erhaben ist. Aber der Mensch ist nicht nur das. Er ist auch etwas Unvollendetes, Unruhiges und im Grunde genommen Elendes. Ein Hund, ein Pferd frisst, schläft und ist glücklich; mehr als die Befriedigung ihrer Triebe brauchen sie gar nicht.

Anders der Mensch: er schafft sich immer neue Bedürfnisse und ist nie satt. (…) Es sieht so aus, als ob er ganz wesentlich auf einen unendlichen Fortschritt angewiesen wäre, als ob nur das Unendliche ihn befriedigen könnte" (11).

Karl Jaspers (1883-1969) drückte es etwas anspruchsvoller aus: „Alles, was wir vom Menschen wissen und der Einzelne von sich weiß, das ist nicht er selbst. Woran er gebunden, mit dem geht er um, ist nicht schlechthin mit ihm identisch. Aus seinem Ursprung kommt die Frage, die ihm zum Hebel wird, sich aus dem Versinken emporzuheben. Von dort hört den Anspruch, der ihm keine Ruhe lässt. Von einem nie Begriffenen her, dem er anzugehören glaubt, wenn er er selbst wird, erfüllt sich sein Seinsbewusstsein. (…) Erst in seinem inneren und äußeren Handeln, in seinem Verwirklichen wird er sich als er selbst bewusst, dem Leben überlegen – und drängt über sich hinaus. Das geschieht in zwei Richtungen: durch unbegrenztes Fortschreiten in der Welt und durch die ihm gegenwärtige Unendlichkeit in Bezug auf Transzendenz" (12).

Die philosophische als auch die religiös-theologische Sicht haben daher immer wieder die grundlegende Unzulänglichkeit empirischer, also rein innerweltlicher

Deutungen des Menschen kritisiert, sei es, ihn als Produkt gesellschaftlicher Verhältnisse zu beschreiben, oder ihn exklusiv materialistisch zu verstehen, wie es aktuell manche Biologen und Hirnforscher versuchen. So richtig deren Beiträge im Rahmen ihrer naturwissenschaftlichen Erkenntnisse auch sein mögen, die Frage nach einer letztgültigen Sinnhaftigkeit der Welt und des menschlichen Daseins vermögen sie nicht befriedigend zu beantworten. Mit Herbert Vorgrimler (1929-2014) theologisch gesprochen: „Was den Menschen vor dem Tier auszeichnet, sein geistiges Person-Sein in Erkenntnis und Freiheit, ist durch den unendlichen Horizont ihrer Aktivität auf eine Vollendung (Endgültigkeit) hin angelegt, die es doch nie aus eigener Kraft zu erreichen vermag, weil es im Tod diese Existenz- und Tätigkeitsform aufgeben muss; auch in seinem ethischen Sollen gelangt es nicht zur angezielten Vollendung, weil es dem Sollensanspruch nie ganz gerecht wird und auch dieser mit dem biologischen Leben endet" (13).

Der Mensch, und das wussten die Dichter und Mystiker aller Kulturen schon immer, bleibt sich selbst letztlich eine offene Frage und ein tiefes Geheimnis. Das macht seine Größe und zugleich sein Elend aus.

Diese Einsicht ist auch den Verfassern der biblischen Schriften nicht fremd. Der zentrale „Gegenstand" der Bibel ist nämlich nicht Gott, sondern der gläubige

Mensch, die Reflexion von dessen individuellen und gemeinschaftlichen Erfahrungen mit diesem geheimnisvollen Gegenüber. Das ständige Ringen um das rechte „Verstehen" dieses Gottes, das zugleich ein folgenreicher Kampf ist um das angemessene Selbstverständnis als Geschöpf und damit um den richtigen, gottgefälligen Lebensweg, durchzieht die Bibel wie ein roter Faden.

Wie es eine erstaunliche Vielfalt biblischer Gottesbilder gibt, so variantenreich fallen auch die Bemerkungen über den Menschen aus, da die Entstehung dieser Texte sich über Jahrhunderte hinzog und sich in höchst unterschiedlichen religiösen, politischen und gesellschaftlichen Situationen des Volkes Israel ereigneten.

Wenn uns auch kein durchgehend einheitliches Menschenbild der Bibel vorliegt, so lässt sich doch an einigen wiederkehrenden Motiven eine Art Grundgerüst erkennen. Die folgende kleine Auswahl soll dir die vom Glauben getragene und aus den Alltagserfahrungen gewonnene Sicht auf das Menschsein in biblischen Tagen ansatzweise vor Augen führen:

1) Dann sprach Gott: »Lasst uns Menschen machen nach unserm Bilde, uns ähnlich, die da herrschen sollen über die Fische im Meer und über die Vögel des Himmels, über das (zahme) Vieh und über alle (wilden) Landtiere und über alles Gewürm, das auf dem Erdboden kriecht!« Da schuf Gott den Menschen nach seinem Bilde: nach dem

Bilde Gottes schuf er ihn; als Mann und Weib schuf er sie. (Genesis 1,26-27)

2) Da bildete Gott der HERR den Menschen aus Erde vom Ackerboden und blies ihm den Lebensodem in die Nase; so wurde der Mensch zu einem lebenden Wesen. (Genesis 2,7)

3) Als nun Gott der HERR den Menschen genommen und ihn in den Garten Eden versetzt hatte, damit er ihn bestelle und behüte … (Genesis 2,15)

4) Im Schweiße deines Angesichts sollst du dein Brot essen, bis du zum Erdboden zurückkehrst, von dem du genommen bist; denn Staub bist du, und zu Staub musst du wieder werden! (Genesis 3,19)

5) Was ist der Mensch, dass du seiner gedenkst, und der Menschensohn, dass du ihn beachtest?! Und doch hast du ihn nur wenig hinter die Gottheit gestellt, mit Herrlichkeit und Hoheit ihn gekrönt; du hast ihm die Herrschaft verliehn über deiner Hände Werke, ja alles ihm unter die Füße gelegt: Kleinvieh und Rinder allzumal, dazu auch die wilden Tiere des Feldes, die Vögel des Himmels, die Fische im Meer, alles, was die Pfade der Meere durchzieht. (Psalm 8,5-9)

6) Ach, spannenlang hast du mir die Tage gemacht, und meines Lebens Dauer ist wie nichts vor dir: ja, nur als ein Hauch steht jeglicher Mensch da!« Fürwahr nur als Schattenbild wandelt der Mensch einher, nur um ein Nichts wird so viel Lärm gemacht; man häuft auf und weiß nicht, wer es einheimst. (Psalm 39,6-7)

7) Du weißt es, ob ich sitze oder aufstehe, du verstehst, was ich denke, von ferne; ob ich wandre oder ruhe, du prüfst es und bist mit all meinen Wegen vertraut; denn ehe ein Wort auf meiner Zunge liegt, kennst du, o HERR, es schon genau. Du hältst mich von hinten und von vorne

umschlossen und hast deine Hand auf mich gelegt. Zu wunderbar ist solches Wissen für mich, zu hoch: ich vermag's nicht zu begreifen! (...) Denn du bist's, der meine Nieren gebildet, mich gewoben im Schoß meiner Mutter. Ich danke dir, dass ich so überaus wunderbar bereitet bin: wunderbar sind deine Werke, und meine Seele erkennt das wohl. Meine Wesensgestaltung war dir nicht verborgen, als im Dunkeln ich gebildet ward, kunstvoll gewirkt in den Tiefen der Erde. Deine Augen sahen mich schon als formlosen Keim, und in deinem Buch standen eingeschrieben alle Tage, die vorbedacht waren, als noch keiner von ihnen da war.
(Psalm 139,2-16)

8) Da dachte ich bei mir selbst: »Um der Menschenkinder willen ist das so gefügt, damit Gott sie prüft und damit sie einsehen, dass sie an und für sich den Tieren gleichstehen.« Denn das Schicksal der Menschen und das Schicksal der Tiere ist ein und dasselbe: die einen sterben so gut wie die anderen, und sie haben alle den gleichen Odem, und einen Vorzug des Menschen vor den Tieren gibt es nicht: alles geht an denselben Ort; alles ist vom Staube geworden, und alles kehrt zum Staube zurück. (Prediger/Kohelet 3,18-20)

Du wirst beim Lesen wohl gespürt haben, dass diese Zitate weniger in der Form einer abstrakten Reflexion verfasst sind, sondern eher ein poetisches Nachdenken über die Rätsel des menschlichen Daseins, über die Widersprüchlichkeiten und Absurditäten des Lebens, die man im Rahmen des Glaubens an einen unbegreiflichen Schöpfergott zu ergründen suchte.

Was lässt sich nun aber in dieser kleinen Auswahl biblischer Stimmen heraushören über das Menschenbild, das für die jüdisch-christliche Tradition eine so nachhaltige Wirkung entfalten sollte? Ich denke, wenn man die eigentlichen Kernpunkte herausstellt, dann kann man es (ohne Anspruch auf Vollständigkeit) etwa folgendermaßen zusammenfassen: Der Mensch…

- ist kein Zufallsprodukt der Natur. Er hat einen benennbaren Ursprung: Gott wollte, dass es ihn gibt, dass die Entwicklungsgeschichte des Lebens ihn hervorbringt.

- besteht aus den gleichen materiellen Elementen wie alle anderen Lebewesen. Er ist also ein Teil der Natur und folglich mit allen anderen Lebensformen verbunden. Dennoch ist der Mensch mehr als nur ein „nackter sprechender Affe". Er ist eine einzigartige Verknüpfung von Materie und Geist.

- lebt als Frau und Mann in gleichberechtigter Gemeinschaft. Nur in Ergänzung durch das andere Du kann ein Einzelner wirklich Mensch werden.

- vermag zwischen Gut und Böse zu unterscheiden, allgemeingültige Werte zu erkennen sein Handeln danach ausrichten.

- trägt aufgrund seiner besonderen Begabung (Freiheit, Vernunft, Sprache) eine umfassende Verantwortung für sein Tun und Lassen, die Gemeinschaft, die Mitgeschöpfe und die unbelebte Natur.

- vertritt als „Abbild" bzw. „Ebenbild" den unsichtbaren Gott in dieser Welt, die er sorgsam „bestellen und hüten" soll. In dieser partnerschaftlichen Beziehung zu Gott als der Quelle allen Lebens erfährt der Mensch seinen Lebenssinn.

47

- ist (durch seine Gottebenbildlichkeit) ausgezeichnet durch eine besondere „Würde", die ihn von anderen Lebewesen unterscheidet, sowie seine radikale Vergänglichkeit, die ihn wiederum mit allem Lebendigen verbindet. Er ist einerseits ein besonderes Tier, andererseits nur wenig geringer als Gott.

- hat, obwohl er sein Dasein "vor dem Angesicht Gottes" versteht, in seinem Leben auch immer wieder mit Mühsal, Unsicherheit und stets neuer Verfehlung zu kämpfen. Seiner umfassenden Verantwortung wird der Mensch nie völlig gerecht. Er ist nicht vollkommen und verfügt nur über begrenzte Macht und ein begrenztes Erkenntnisvermögen. Jeder Mensch wird schuldig (Sünder) und stirbt letztlich in dieser anhaltenden Verstrickung von Versagen und Schuld. Eine endgültige Vergebung und Erlösung liegen daher nicht in der Hand des Menschen, sondern können nur im Glauben aus seiner Gottesbeziehung erhofft werden.

Das ist es, was ich dir in der hier gebotenen Beschränkung über das Menschsein darstellen wollte – insbesondere aus der religiösen Perspektive.

Wenn dadurch etwas deutlicher und plausibler geworden ist, dass die Frage nach Gott (als dem verborgenen „Hintergrund" dieser rätselvollen Welt) uns fast zwangsläufig auf den Nägeln brennt, zu unserer Suche nach einem Sinn, nach unserer Identität und damit zu unserer „Natur" unweigerlich dazugehört, dann hätte dieser zweite Erkundungsgang seinen Zweck erfüllt.

Ich möchte schließen mit einem Wort des Dichters Hermann Hesse, das für sich selber spricht: „Jeder Mensch aber ist nicht nur er selber, er ist auch der einmalige, ganz besondere, in jedem Fall wichtige und merkwürdige Punkt, wo die Erscheinungen der Welt sich kreuzen, nur einmal so und nie wieder. Darum ist jedes Menschen Geschichte wichtig, ewig, göttlich, darum ist jeder Mensch, solange er irgend lebt und den - Willen der Natur erfüllt, wunderbar und jeder Aufmerksamkeit würdig. (…) Das Leben jedes Menschen ist ein Weg zu sich selber hin, der Versuch eines Weges, die Andeutung eines Pfades. Kein Mensch ist jemals ganz und gar er selbst gewesen; jeder strebt dennoch, es zu werden, einer dumpf, einer lichter, jeder wie er kann" (14).

4. Heimat mit Fragezeichen

Wir haben uns bisher ein paar Gedanken gemacht über die Facetten der Sprache, über die Wahrnehmung und Benennung von Wirklichkeit sowie über die Schwierigkeit, über das Wesen des Menschen eine abschließende Definition ausmachen zu können. Das nähere Hinsehen brachte uns zu der Einsicht, dass die zuvor angenommene Klarheit der Dinge sich am Ende doch als trügerisch erweist. Das ist aber nicht negativ. Es zeugt lediglich davon, dass sich durch mehr Informationen und Sichtweisen eine produktive Verunsicherung einstellt, die zu weiterem Forschen und Nachdenken anleiten will. Zudem ist das Überwinden von Klischees und Vorurteilen letztlich immer von Vorteil, weil man nun besser um seine eingeschränkte oder fehlerhafte Meinung von gestern weiß. So ähnlich lässt sich auch eine Bergwanderung erleben: Je höher der mühselige Aufstieg gelingt, um so großartiger weitet sich das Panorama der Landschaft vor unseren Augen, so dass man sagen kann, es habe sich gelohnt. Nachdenken ist halt Arbeit, was sich eben auch bei der Frage nach Gott als notwendig erweist, da es mit schnellen Antworten und Parolen nicht getan ist.

Was hat aber unser Dasein in dieser Welt, was hat die Welt als solche, der gesamte Kosmos, mit der Frage nach Gott zu tun?

Was wissen wir eigentlich über die Gesamtheit der Welt in der wir leben? Woher kommt sie? Wie ist alles entstanden? Woher kommt das Leben, woher der Mensch? Das ist das Thema der Naturwissenschaften, jedenfalls seit etwa zweieinhalb Jahrtausenden. Das wissenschaftlich geprägte Weltbild unserer Tage ist jedoch grundlegend anders gestrickt als das unserer Ahnen in den frühen Epochen der Kulturgeschichte. Da lohnt ein kurzer vergleichender Blick auf die Ideen der Vorfahren, wie sie sich den Aufbau der Welt und den Ablauf der Dinge erklärt haben.

Beginnen wir bei den alten Ägyptern. Sie sahen ihre Umwelt von Göttern und Geistern belebt. Die Erde, der Luftraum, der Himmel usw. waren selber Gottheiten, zu denen man Beziehungen pflegte. Die Beschreibung ihrer Vorstellungen waren noch ganz in der Sprache des Mythos gefasst. Das klingt dann beispielsweise so:

„Ich, Chepra, bin der Schöpfer alles dessen, was Leben in sich trägt, nachdem ich selbst in uralten Zeiten ins Leben trat. Selbst erzeugte ich mich aus dem Urwesen, mein Name ist Osiris, das Urwesen aus dem Urstoff. Ich war der Herr über alle Welt, und die ganze Welt war von mir erfüllt, denn ich war allein. Die Götter waren noch nicht entstanden. Es gab auch sonst noch keine anderen Geschöpfe und Wesen, ich war ganz allein, und ich erschuf alles, was erschaffen ist. Kein Wesen half mir, ich allein erschuf alles. Dann hob ich die ins Leben getretenen Wesen aus dem Urwasser, dem Zustande des Nichtseins empor, obwohl ich noch keinen festen Platz

51

fand, darauf zu stehen. In meinem Herzen formte ich ein herrliches Urbild, den Uranfang legte ich für mich. So erschuf ich alles Lebendige, und es entstanden viele Wesen, die wiederum andere Wesen erzeugten. Ich spie die Gestalten von Schu und Tefent aus und wurde damit aus einem Gott zu einer dreifachen Gottheit, ja aus mir selbst kamen zwei Götter zum Leben. Schu und Tefent wurden aus dem Urwasser, aus mir selbst hervorgehoben, und dann entstand die Pflanzenwelt. Als ich weinte, entstanden die Menschen aus meinen Tränen. Schu und Tefent gaben Geb und Nuth das Leben, Geb und Nuth erweckten die anderen Götter, und diese riefen unzählige Wesen auf der Erde ins Leben. Sie alle rufen meinen Namen an, sie vernichten ihre Feinde, sie äußern Worte der Kraft." (1)

Diese phantasievollen Bilder eines Mythos können wir im Nachhinein nur noch bewundern, sie aber nicht mehr wirklich verstehen, denn wir denken und sprechen heute nicht mehr im Modus einer solchen Vorstellungswelt, in der wir uns natürliche Ereignisse wie Sturm, Regen, Fruchtbarkeit oder Dürre mit dem Wirken von vielerlei Göttern erklären.

Ein beachtlicher Sprung im Denken über die Welt ergab sich im Vorderen Orient vor etwa dreitausend Jahren und lässt sich in den Schöpfungserzählungen des Alten Testamentes ablesen. Hier agiert nur noch ein einziger Gott als Schöpfer der Welt. Sonne, Mond und Gestirne sind nun keine Gottheiten mehr, sondern natürliche Erscheinungen der geschaffenen Welt, die man beobachten und erforschen darf. Die Erde galt zu der Zeit als kreisrunde Fläche, die von Himmel und Unterwelt umgeben war.

Erst ab dem 4. vorchristlichen Jahrhundert begann im alten Griechenland eine systematische Erforschung der Natur und des Kosmos. Durch genaueres Beobachten und Berechnen hatte man schon damals herausgefunden, dass die Erde eine Kugel war. Lediglich über deren Platz gab es verschiedene Auffassungen. So war schon Aristarchos von Samos (310-230) der Überzeugung, die Erde drehe sich um die Sonne, während Aristoteles (384-322) die Erde im Mittelpunkt des damals sichtbaren Weltalls bestimmte. Diese zentrale Stellung unterstrich nochmals die Bedeutung des Menschen und seiner Welt im kosmischen Gefüge. Das Modell von Aristoteles setzte sich durch und wurde von dem Astronomen und Mathematiker Ptolemäus (ca. 100-160) in Alexandria maßgeblich gestützt und verbreitet, obwohl es nicht alle Himmelserscheinungen hinreichend erklären konnte. Dieses „ptolemäische" Weltbild galt ungefähr 1400 Jahre lang als ultimative Antwort zum Verstehen des himmlischen Räderwerks.

Erst mit dem Zweifel von Kopernikus (1473-1543) und seinen neuen Berechnungen der Planetenbahnen bahnte sich die revolutionäre Wende zum „heliozentrischen" Weltbild an, das von anderen Forschern wie Galileo Galilei (1564-1642) und Johannes Kepler (1571-1630) gestützt wurde. Nun stand endgültig die Sonne (wieder) im Zentrum des Planetensystems. Isaak Newton (1643-1727) konnte später dann erklären, wie die Schwerkraft der Sonne den Lauf der Planeten im freien Raum möglich macht.

Diese „kopernikanische Wende" verlangte von den Zeitgenossen eine radikale Umkehr im Denken. Einerseits, weil die einfache Beobachtung des täglichen Sonnenlaufs den ebenso simplen Schluss zuließ, dass sich die Sonne um die Erde drehe, nicht umgekehrt. Andererseits war die kirchlich-religiöse Autorität zur Interpretation der Welt noch weithin ungebrochen, bei der man sich auf die Bibel berief, wo es an einer Stelle heißt, Josua habe die Sonne stillstehen lassen (Josua 10,12f). Das verstand man wortwörtlich, so dass es als biblisch klar belegt galt, dass sich die Sonne bewege, nicht aber die Erde. Dieser Konflikt bescherte Galilei einen Prozess mit der kirchlichen Inquisitionsbehörde und am Ende einen lebenslangen Hausarrest. Erst 1992 wurde er vom Vatikan rehabilitiert.

Das kopernikanische Modell ist bis heute Bestandteil des modernen Weltbildes. Die entscheidenden Schritte zu unserer gegenwärtigen Sicht des Kosmos vollzogen sich allerdings erst im 20. Jahrhundert. Bis in die 1920er Jahre hielt man unsere Heimatgalaxie, die Milchstraße, für den gesamten Kosmos. Erst durch den Astronomen Edwin

Hubble (1889–1953) und die verbesserte Technik der Teleskope erkannte man diesen langgehegten Irrtum. Er fand heraus, dass sich alle bekannten Himmelskörper von uns fortbewegen, dass sich das Universum ausdehnt. Ein Prozess, der weiterhin andauert. Die in der Spektral-analyse des Sternenlichts erkennbare Fluchtbewegung der Sterne und Galaxien ließ die Vermutung zu, dass das Universum also früher kleiner gewesen sein musste und irgendwann einen Anfang hatte. Der russische Mathema-tiker Alexander Friedmann (1888-1925) und der belgische Astrophysiker und Priester Georges Lemaître (1894-1966) waren die ersten, die auf dem Hintergrund der Relativitätstheorie von Albert Einstein (1879-1955) zu dem Schluss kamen, es müsse einen „Urknall" gegeben haben, mit dem das Universum seinen Anfang nahm.

„Als der Urknall in die Welt trat, um dieselbe zu formen, gab es kein Davor, weil vor der Zeit keine Zeit, vor dem Raum keine Räumlichkeit existierte. Nein, Zeit und Raum waren vor 13,8 Milliarden Jahren noch in einem unde-finierbaren, unermesslich kleinen punktartigen Etwas von unvorstellbar hoher Energiedichte und Temperatur gefangen: der Anfangssingularität. Das punktartige Gebilde war unmessbar klein, grenzenlos heiß, unendlich massereich und stand außerhalb des Jenseits und Diesseits – im Niemandsland zwischen Metaphysik und Physik." (2)

Erst in den Sechziger Jahren fand der heftige Streit um die Urknall-Hypothese ihren vorläufigen Abschluss durch die Entdeckung der sogenannten „kosmischen Hintergrundstrahlung", einer noch messbaren Restwärme des gigantisch heißen ersten Augenblicks. Doch bis heute gibt dieser rätselhafte Beginn unseres Universums den Forschern eine Menge Fragen auf: Was löste den Urknall aus? War er der Endpunkt eines anderen, kollabierten Universums? Wird die anhaltende Ausdehnung des Raumes irgendwann enden? Existieren eventuell noch andere Universen neben dem unseren? usw.

Neben den bahnbrechenden Erkenntnissen im Bereich der Kosmologie veränderten im letzten Jahrhundert auch die neuen Entdeckungen auf der atomaren Ebene radikal die bisherigen Überzeugungen von der Materie. Die auf Leukipp (5. Jh. v. Chr.) und Demokrit (460-370) zurückgehende Idee, alles Materielle sei aus kleinsten unteilbaren Bausteinen zusammengesetzt, wurde durch die erste Kernspaltung in den 1930er Jahren widerlegt. Das Atom erwies sich als ein komplexes Gebilde, bestehend aus einer Elektronenhülle sowie einem Atomkern, der seinerseits aus Protonen und Neutronen besteht, diese wiederum bestehen aus Quarks und Gluonen. Erstaunlicher ist jedoch, dass ein Atom fast gänzlich aus Leere besteht: „„Könnte man ein Atom auf die Größe eines Fußballstadions aufblasen, läge sein

Kern klein wie eine Erbse auf dem Anstoßpunkt und die Elektronen kreisten winzig wie Staubteilchen bis zu den obersten Plätzen der Tribüne - dazwischen ist nichts!" (3)

Noch verwirrender waren die Entdeckungen in der neuen Quantenphysik, dass man auf subatomarer Ebene den gewohnten Materiebegriff gar nicht mehr sinnvoll anwenden konnte. Dort ließ sich bestenfalls von Energiefeldern, energetischen Schwingungen und Wahrscheinlichkeiten sprechen. „Zudem hat die Quantentheorie die Subjekt-Objekt-Spaltung als Illusion entlarvt, indem sie aufzeigte, dass Beobachter und Beobachtetes nicht voneinander zu trennen sind, dass also letztlich alles mit allem vernetzt ist und sich gegenseitig bedingt." (4)

Auffällig ist für die Physiker, dass das Universum nach festen Spielregeln zu funktionieren scheint, nach den Vorgaben der sogenannten Naturkonstanten, physika-lischen Größen, deren Wert sich nicht beeinflussen lässt und die sich weder räumlich noch zeitlich zu verändern scheinen, etwa bei der Lichtgeschwindigkeit oder der Gravitation. „Sie sind derart stabil, dass seit Mai 2019 alle so genannten SI-Einheiten – Sekunde, Meter, Gramm, Kelvin und so weiter – durch die Naturkonstanten definiert werden. Zudem scheinen sie aufeinander abgestimmt zu sein. Sie wirken, als seien sie passend gewählt, um Leben im Kosmos zu ermöglichen.

Wäre die Gravitationskonstante zum Beispiel kleiner, als sie tatsächlich ist, hätten sich keine Sterne und Galaxien bilden können, oder die Sterne wären zumindest nicht in Supernovae explodiert und hätten nicht all die Elemente ins Universum geschleudert, aus denen später Planeten entstanden. Man kann mit den Schultern zucken und sagen, dass wir uns darüber nur Gedanken machen können, weil die Naturkonstanten zufällig so sind, wie sie sind. Doch mit der Antwort wollen sich viele nicht zufriedengeben. Sie vermuten, dass es eine tiefere Wahrheit zu entdecken gibt." (5)

Sind die Naturgesetze ein Zufallsprodukt der kosmischen Entwicklung oder steckt ein verborgener Plan dahinter? Sind die Entstehung des Lebens und des Menschen ebenso Ergebnisse eines freien Würfelspiels der Materie oder ist das Universum darauf angelegt, dass es irgendwann Lebewesen mit Bewusstsein hervorbringt? Darüber wird engagiert geforscht und gestritten.

Alle diese neuen Erkenntnisse haben „gezeigt, dass unsere Welt auf allen Ebenen nicht statisch, sondern in einer andauernden Entwicklung, einer Evolution begriffen ist. Nicht nur in der Biologie gilt also eine evolutionäre Entwicklung als gesichert, sondern wir können heute davon ausgehen, dass ein und dasselbe evolutionäre Prinzip auch in allen übrigen Dimensionen unserer Welt >am Werk< ist" (6).

Eine bemerkenswerte (wenn sicher auch diskutierbare) Position über das Zueinander von Materie und Geist bzw. Gehirn und Bewusstsein hat vor vielen Jahren der Neurologe Hoimar von Ditfurth (1921-1989) vorgetragen: „Das Gehirn hat das Denken nicht erfunden, so hatten wir schon am Anfang festgestellt. So wenig, wie die Beine das Gehen erfunden haben oder die Augen das Sehen. Beine sind die Antwort der Evolution auf das Bedürfnis nach Fortbewegung auf dem festen Boden gewesen. Und Augen waren eine Reaktion der Entwicklung auf die Tatsache, dass die Oberfläche der Erde von einer Strahlung erfüllt ist, die von festen Gegenständen reflektiert wird. Dieser Umstand erst gab der Evolution die Möglichkeit, Organe zu entwickeln, die sich dieser Strahlung zur Orientierung bedienten. So gesehen sind Augen also ein Beweis für die Existenz der Sonne. So, wie Beine ein Beweis sind für das Vorhandensein festen Bodens und ein Flügel ein Beweis für die Existenz von Luft. Deshalb dürfen wir auch vermuten, dass unser Gehirn ein Beweis ist für die reale Existenz einer von der materiellen Ebene unabhängigen Dimension des Geistes. (…) Es ist doch eine wahrhaft aberwitzige Vorstellung, wenn wir immer so tun, als sei das Phänomen des Geistes erst mit uns selbst in dieser Welt erschienen. Als habe das Universum ohne Geist auskommen müssen, bevor es uns gab. Genau die umgekehrte Perspektive dürfte dem wahren Sachverhalt sehr viel näherkommen:

Geist gibt es in der Welt nicht deshalb, weil wir ein Gehirn haben. Die Evolution hat vielmehr unser Gehirn und unser Bewusstsein allein deshalb hervorbringen können, weil ihr die reale Existenz dessen, was wir mit dem Wort Geist meinen, die Möglichkeit gegeben hat, in unserem Kopf ein Organ entstehen zu lassen, das über die Fähigkeit verfügt, die materielle mit dieser geistigen Dimension zu verknüpfen." (7)

An dieser Stelle sollten wir einmal einen Schritt zurücktreten von der Betrachtung der staunenswerten Entdeckungen in Physik, Chemie und Biologie, durch die unser Bild von der Welt sich radikal gewandelt hat. Für unseren Zusammenhang drängt sich nämlich die Frage auf, wie die Naturwissenschaften genauerhin zu ihren Erkenntnissen gelangen, wie sie methodisch arbeiten, was sie leisten können und was nicht.

Jeder Physiker, Biologe oder Chemiker beschäftigt sich mit Erscheinungen, die irgendwie messbar sind, deren Ursachen und Bedingungen erklärbar sind. Sie müssen sich zudem wiederholen lassen und werden dadurch vorhersagbar. Jeder andere Wissenschaftler kann sie dann unter gleichen Bedingungen nochmals überprüfen. Das wissenschaftliche Arbeiten folgt dabei einer bestimmten Methode:

1. Durch Beobachtungen und Experimente werden zahlreiche Daten gesammelt.

2. Diese Daten werden in einen Zusammenhang gebracht, d. h. es wird über diese Verbindung eine Hypothese, eine begründete Vermutung aufgestellt. Diese Schlussfolgerung von vielen Einzeldaten auf eine allgemeine Regel nennt man Induktion.

3. Diese Hypothese wird nun durch weitere Versuche überprüft. Diesen Schritt von einer vermuteten Regel auf weitere Einzelfälle bezeichnet man als Deduktion.

4. Bestätigen alle diese Überprüfungen die aufgestellte Regel, spricht man von einer Verifikation. Sofern auch in nur einem einzigen Fall die Regel nicht zutrifft (= Falsifikation), muss die Hypothese verworfen oder neu formuliert werden. Eine neu aufgestellte Hypothese muss nun wieder auf alle möglichen Einzelfälle angewendet und überprüft werden.

5. Wenn die Hypothese durch Experimente nun immer wieder als richtig bestätigt werden kann, darf diese Regel als Naturgesetz gelten, das immer und überall auf gleiche Weise wirkt. Trotzdem kann es vorkommen, dass nach längerer Zeit auch eine als Naturgesetz eingestufte Regel nochmals korrigiert werden muss.

Am Ende stehen dann mehr oder wenige komplexe Theorien über die Abläufe in der uns umgebenden Natur, vom Aufbau der Atome, dem Stammbaum des Menschen, der Wirkung von Viren und Bakterien, dem Wesen der Schwerkraft oder dem Anfang von allem, dem Urknall. Naturwissenschaftliche Forschung ist ein offener Prozess, der faktisch nie abgeschlossen ist. Ständig werden neue Entdeckungen gemacht und neue Erkenntnisse gewonnen.

Das macht die Naturwissenschaften zu einem höchst erfolgreichen Denk- und Arbeitsmodell zur Erfassung und Erklärung der natürlichen Vorgänge unserer Welt. Der technischen Nutzung dieser Erkenntnisse verdanken wir eine Vielzahl von großen und kleinen Helfern unseres Alltags, vom Auto bis zum Flugzeug, vom Geschirrspüler bis zum Handy.

Der strenge methodische Weg der Naturwissenschaft, uns die Welt zu erklären, ist aber bei genauerem Hinsehen nur ein Weg unter mehreren, wie wir uns und die Welt verstehen können. Diese Einsicht zeigt zugleich die Grenzen des naturwissenschaftlichen Weges auf:

1. Was bewegt einen Naturwissenschaftler zu seinen Forschungen? Welche persönliche Beziehung hat er zu seinem Forschungsgebiet? Welche Gefühle lösen seine Experimente bei ihm aus? Wie verändern evtl. die Ergebnisse seiner Forschung sein Leben? Wie erlebt er die wissenschaftliche, technische oder politische Verwendung seiner Erkenntnisse? Was bedeutete etwa die Veröffentlichung der Relativitätstheorie für Albert Einstein, die Entwicklung der Atombombe für Robert Oppenheimer? usw.

2. Wie erklären wir Vorgänge und Erscheinungen, die einmalig sind, sich also in der Weise nicht wiederholen? Das betrifft vor allem unsere persönlichen Erfahrungen:

das Herzklopfen beim Verliebtsein, der ständige Streit mit meinem Bruder, die Aufregung vor einer Prüfung, der Tod eines guten Freundes, die Freude eines Wiedersehens, den Schmerz einer gescheiterten Beziehung, die Dankbarkeit für ein hilfreiches Gespräch usw.

Das alles ereignet sich zwar immer wieder, dennoch bleiben es einzigartige Erfahrungen, die in ihrer Qualität nicht objektiv messbar, beschreibbar und überprüfbar sind. In diesem Bereich vermag keine Naturwissenschaft eine nützliche Erklärung anzubieten.

3. Viele naturwissenschaftlichen Erkenntnisse führen zu Anwendungen, die eine Sache zu einem ethischen oder politischen Problem werden lassen. Die Entdeckung der Kernspaltung führte zur Atombombe und zu Kernkraftwerken. Die Physiker selber können aber im Rahmen ihrer Wissenschaft keine Antwort darauf geben, ob und wie diese Waffe eingesetzt werden soll, ob es verantwortlich ist, weiterhin Atomkraftwerke zu bauen, solange keine brauchbare Lösung für die Beseitigung des radioaktiven Abfalls gefunden wurde. Auch die Entdeckung des genetischen Codes und die Entschlüsselung des menschlichen Erbgutes bringen Fragen mit sich, die über die Biologie hinausgehen: Soll es erlaubt sein, Menschen zu clonen? Ist die Forschung an menschlichen Embryonen zulässig? Wie weit ist ein manipulierender Eingriff in das Erbgut eines Menschen

vertretbar? Wie unbedenklich sind die Aussaat und Nutzung gentechnisch veränderter Pflanzen, die am Ende auf unserem Teller landen? usw.

4. Letztlich bietet der naturwissenschaftliche Blick auf die Welt und das Leben auch keine gültigen Antworten auf die großen Fragen nach dem Woher, Wohin und Wozu. Welchen Sinn das Ganze hat, warum ich fair und rücksichtsvoll sein soll, welchen Beruf ich ergreifen soll, wie ich mit einem Schicksalsschlag fertig werde, ob ich meine Freundin heiraten soll, warum gerade ich mit dieser Erbkrankheit geboren wurde usw.

Bei diesen Fragen und Problemen hilft das Physiklehrbuch nicht weiter. Die Antworten dazu müssen woanders gesucht werden: in der Philosophie und der Religion. Die Naturwissenschaft hat die Fragen nach Freiheit, Glück, Gerechtigkeit, Liebe, Schuld, Gott usw. aus ihrer Forschung ausgeklammert, weil diese Themen mit der oben beschriebenen Methodik nicht wirklich zu erforschen und zu beantworten sind. (8)

Dieser mehr formalen Beschreibung der Arbeitsweise eines Naturwissenschaftlers und seiner selbstgesetzten Grenzen kann auch der italienische Physiker Carlo Rovelli (*1956) beipflichten: „Die Wissenschaft sieht sich zuweilen dem Vorwurf ausgesetzt, sie behaupte, alles erklären zu können, auf jede Frage eine Antwort zu haben. Dieser Vorwurf muss einem Wissenschaftler bizarr vorkommen. Das Gegenteil ist der Fall. Jeder Forscher in jedem Labor der Welt weiß: Wissenschaft zu betreiben heißt, täglich wegen der zahllosen Dinge, die noch unbekannt und nicht machbar sind, an die eigenen Grenzen zu stoßen. Von wegen Anspruch, alles zu erklären! Wir wissen nicht, welche Teilchen im nächsten Jahr im CERN zum Vorschein kommen, was wir durch die Teleskope der nächsten Generation entdecken werden und welche Gleichungen die Welt tatsächlich beschreiben. Wir können Gleichungen, die wir aufgestellt haben, nicht lösen und verstehen bisweilen nicht einmal, was sie bedeuten. Wir wissen nicht, ob die schöne Theorie, mit der wir arbeiten, richtig ist, was vor dem Urknall war oder wie ein Gewitter, ein Bakterium, ein Auge, unsere Körperzellen und gar unser eigenes Denken funktionieren. Ein Wissenschaftler ist jemand, der in den Grenzbereichen des Wissens operiert, in engem Kontakt mit zahllosen eigenen Grenzen und denen der menschlichen Erkenntnis" (9).

Zur Veranschaulichung der bei aller sachlichen Richtigkeit dennoch begrenzten Reichweite naturwissenschaftlicher Aussagen hat sich der Oxforder Mathematiker John Lennox (*1943) ein plastisches Gleichnis einfallen lassen: Tante Mathildes Kuchen. Er beschreibt, wie Ernährungswissenschaftler, Biochemiker, Chemiker, Physiker und

Mathematiker darangehen, den Kuchen nach allen Regeln ihrer Wissenschaften detailliert zu „erklären". Sein Resümee: „Wir haben sicherlich eine Beschreibung davon erhalten, wie der Kuchen gemacht wurde und wie sich seine verschiedenen Bestandteile zueinander verhalten. Aber nehmen wir an, ich stelle jetzt der versammelten Expertenrunde eine abschließende Frage: Warum wurde der Kuchen gebacken?

Das Lächeln auf Tante Mathildes Gesicht zeigt uns, dass sie die Antwort kennt, denn sie hat den Kuchen gebacken und sie weiß zu welchem Zweck. Aber alle Ernährungswissenschaftler, Biochemiker, Chemiker, Physiker und Mathematiker der Welt werden nicht in der Lage sein, die Frage zu beantworten — wobei ihre Unfähigkeit keine Herabsetzung ihres Wissenschaftszweiges ist. Ihre jeweiligen Disziplinen können sich mit der Frage nach den Bestandteilen und der Struktur des Kuchens befassen, das heißt, die Wie-Fragen beantworten, scheitern aber an den Warum-Fragen, bei denen es darum geht, für welchen Zweck der Kuchen gebacken wurde. Wir werden nur dann eine Antwort erhalten, wenn Tante Mathilde sie uns offenbart. Tut sie das nicht, können auch alle wissenschaftlichen Analysen uns nicht darüber aufklären." (10)

Von den Naturwissenschaften dürfen daher aufgrund der jeweils selbstgewählten thematischen und methodischen

Beschränkungen keine Totalerklärungen der Wirklichkeit erwartet werden. Das wird nochmals unterstrichen durch den kritischen Blick auf uns selbst als die Erforscher der Welt: „Wir können nicht über die Wirklichkeit reden, ohne zu berücksichtigen, wie unser Zugang zu ihr ist. Das führt die Aufmerksamkeit zurück auf uns selbst. Wir, die wir die Wirklichkeit erforschen wollen, sind tatsächlich immer auch schon Teil dieser zu erforschenden Wirklichkeit. Wir können uns keiner >Instrumente<, keiner Methode bedienen, die nicht ihrerseits schon zu dem gehören, was wir untersuchen wollen. Wir sind als leibhaftige Wesen >mit Haut und Haar< Teil der zu untersuchenden Wirklichkeit. Wir können sie nicht vollständig zum Objekt machen und doch haben wir die Fähigkeit, sie uns zumindest partiell zu verobjektivieren!" (11)

Von den verschiedenen und nicht verrechenbaren Zugangsweisen zur Wirklichkeit haben wir schon gesprochen. Die Wissenschaften sind eben nur ein bestimmter Weg, die Philosophie und die Religion gehen andere Wege.

So formuliert auch der Astrophysiker Harald Lesch (*1960) das bescheidene Fazit: „Wer oder was auch immer dieses Universum geschaffen, welche Energieform oder Nicht-Energieform dem Kosmos dereinst Leben eingehaucht hat, bleibt das größte Geheimnis der 13,8 Milliarden Jahre währenden Geschichte unserer

Welt, das auch wir nicht wissenschaftlich wegerklären können oder wollen" (12).

Ist es verwunderlich, dass wir schließlich wieder bei uns selber landen, den Fragern, Forschern und Interpreten der Welt, die mit ihr noch eine Rechnung offen haben? Der Kern des Problems liegt ja in unserer Fähigkeit zur Reflexion, der Suche nach unserer Identität in dieser Welt, die gegenüber unseren Sorgen und Nöten, unserem Leiden und Sterben völlig teilnahmslos zu sein scheint. Das betont auch Eugen Drewermann (*1940): "Mit der Entstehung des menschlichen Bewusstseins riskiert die Evolution zum ersten Mal eine Lebensform, die an sie selber, an die Natur, Fragen richtet, die sie definitiv in ihrem eigenen Rahmen als Natur nicht beantworten kann. Sie schafft zum ersten Mal ein Lebewesen, das radikal sein Ungenügen findet in einer Natur, die zu allen Fragen, die wichtig sind, schweigen wird, und das empört darüber sein wird, in vollkommener Gleichgültigkeit als Individuum behandelt zu werden" (13).

Wissenschaftliche Fakten und Theorien reichen nicht aus zu einer befriedigenden, eigentlich gar „erlösenden" Antwort auf die bohrenden Fragen, wer wir sind, was es mit dieser Welt auf sich hat und welcher Platz uns in diesem Universum zukommt.

Über diesen gesuchten Sinn und Zusammenhang der Dinge, die realen Erfahrungen und Beobachtungen aufgreift und sie zugleich in einem größeren Rahmen „erklärt", lässt sich nur angemessen sprechen in deutenden Geschichten, wie wir sie in der Gestalt der Mythen bereits angesprochen haben. Solche Erzählungen sprechen gleichermaßen Kopf und Herz an, bieten ein Verstehen an und schaffen dadurch ein Stück Heimatgefühl in dieser ansonsten undurchschaubaren Realität.

Das gilt auch für die Schöpfungserzählungen der Bibel (Genesis 1 und 2). Sie wollen nämlich keineswegs darstellen, wie der Kosmos und später die Erde physikalisch entstanden sind, sie sind eher eine Art Gegenmodell zu der teils als widersinnig erfahrenen Lebensrealität, so der Theologe Andreas Benk (*1957): "Entzündet hat sich biblische Schöpfungstheologie nicht am Blick zum Himmel oder aus naturkundlicher Wissbegier, sondern mit Blick auf die desolaten Zustände hier auf Erden. Ihr Auslöser war nicht wissenschaftliches Interesse an den Anfängen der Welt, sondern mitmenschliche, ja mitgeschöpfliche Empathie und Empörung. Es geht den Schöpfungstexten nicht um Weltentstehung, sondern um radikale Korrektur fehlgeleiteter Weltläufe, d. h. es geht um Gerechtigkeit hier und heute, um die Hoffnung auf eine Wende zum Guten für alle, die unter den gegebenen

Umständen zu leiden haben – und um unsere Mitverantwortung für diese Wende. (…) In scharfem Kontrast zur bestehenden Wirklichkeit malen die Erzählungen von der Schöpfung und vom Garten Eden aus, wie die Verhältnisse auf Erden nie waren, aber sein sollten, sein könnten und Gott sei Dank sein werden" (14).

In diesem Sinne erläutert auch der Theologe Hans Küng (1928-2021): „Heute im Horizont der wissenschaftlichen Kosmologie an den Schöpfer der Welt glauben heißt, in aufgeklärtem Vertrauen bejahen, dass Welt und Mensch nicht im letzten Woher unerklärlich bleiben, dass Welt und Mensch nicht sinnlos aus dem Nichts ins Nichts geworfen sind, sondern dass sie als Ganzes sinnvoll und wertvoll sind, nicht Chaos, sondern Kosmos, weil sie in Gott, ihrem Urgrund, Urheber, Schöpfer, eine erste und letzte Geborgenheit haben" (15).

Wie aber sollen wir nun Evolution und Gott zusammendenken? Ist Gott nun die Erstursache für den Urknall und den danach einsetzenden Prozess der physikalischen, chemischen, biologischen und kulturellen Evolution? Das wäre zu simpel gedacht. Gott, wie ihn die heutige Theologie versteht, ist nicht das ultimative erste Glied einer gigantischen kosmischen Entwicklungskette, kein oberster Weltbaumeister, der das Uhrwerk der Welt zu Beginn in Gang gesetzt hat. Er gehört als „Schöpfer" überhaupt nicht in das Netzwerk der Wirklichkeit, soweit wir sie mit unseren Sinnen und unserem Verstand begreifen können. Von Gott, wie ihn der Glaube sieht, also dem Urgrund aller Wirklichkeit gibt es keinen angemessenen „Begriff", es lässt sich bestenfalls hinweisend von ihm sprechen, sofern man die gesamte Welt als ein Gleichnis ansieht, das auf diesen „Hintergrund" hinweist. (16)

„Was macht ein Schöpfer in einer evolutiven Welt?", fragt der Biologe und Philosoph Christian Kummer (*1945) und antwortet formelhaft: "Er macht keine Dinge, sondern er macht, dass >die Dinge sich machen<". Denn „Gottes Schöpfertätigkeit ist von anderer Art als das Tun eines Handwerkers. Er ermöglicht die Dinge, aber dirigiert sie weder, noch bastelt er sie zusammen. Die Dinge machen sich selber. Es ist wirklich die Aktivität der Dinge, die sie werden lässt. Das bedeutet ein Ernstnehmen der empirischen Kausalität, die auch dort vorhanden sein muss, wo wir sie noch nicht aufgedeckt haben. Schöpfung ist kein Ersatz für das Wissen um Ursachen. Das ist gerade für die Biologie im Hinblick auf die großen weißen Flecken etwa bei der Entstehung des Bewusstseins wichtig. Machen, dass die Dinge sich machen, heißt auch, den Dingen das Vermögen zu verleihen, mehr zu werden, als sie aus sich heraus sind. Gott schafft keine Kreaturen, er verleiht Kreativität. Und dazu ist es nötig, dass er den Dingen zuinnerst ist. Er ist nicht der lockere Chef, der sagt, die können das schon von alleine, und verschwindet, sondern der Anteil nehmende Chef, der sich trotz aller Freiheit, die er lässt, interessiert zeigt an allem, was geschieht, es fördert und bestärkt. Der Schöpfer ist darum eben nicht fern, weggegangen, in seinem Himmel, sondern er ist gegenwärtig, überall und in allem (17). Im „Faust" ist schließlich auch kein Platz für Goethe. Er kommt in seinem Werk nicht vor, dennoch ist jede Seite von ihm.

5. Ein wahrlich dunkles Wort

In den vorangehenden Kapiteln kam bereits mehrfach die Theologie direkt zu Wort mit dem, was sie uns bei der Frage nach Gott mit auf den Weg geben kann. Wir haben uns bislang jedoch mehr in den „Vororten" der Gottesfrage kurz umgeschaut, den blütenreichen Feldern der Sprache, den unvollendeten Bildnissen des Menschseins und den unbegreiflichen Rätseln der uns umgebenden Welt. Nun sollten wir uns etwas eingehender beschäftigen mit dem, was Menschen mit dem Wort Gott meinen, mit welchen Vorstellungen sie es im Laufe der Jahrtausende ausgefüllt und beladen haben, welche Erfahrungen sie damit machten, wofür sie es benutzten, wie sie das Gemeinte sogar eindeutig zu beweisen versuchten und was wir inzwischen aus den leichtfertigen, irrigen, naiven und auch ernsthaften Bemühungen gelernt haben, was das eigenartige Wort Gott bedeuten kann, das ein unbequemes und sperriges Wort bleibt.

Manche wollen es deshalb am liebsten aus unserem Wortschatz streichen, weil es so dunkel daherkomme, alles und nichts sage, nichts konkret zeigen könne und daher keinen praktischen Nutzen erkennen lasse. Jegliche weitere Investition an Gehirnschmalz sei zwecklos vergeudete Energie, da nichts wirklich Brauchbares dabei herauskommen könne.

Der Wunsch ist manchmal verständlich, wenn allzu vollmundig von Gott geredet wird, ohne dass spürbar wird, was dieses Gottes-Gerede mit dem realen Leben zu tun hat. – Doch das Wort ist da und sucht sich immer wieder seine unscheinbaren Nischen im alltäglichen Gebrauch: „Grüß Gott!", Gott sei Dank!", „Um Gottes Willen!". Meist unbedachte Floskeln, obwohl in ihnen eine tiefere Absicht ihren Ausdruck sucht. Das Wort Gott will nicht weichen.

Der jüdische Religionsphilosoph Martin Buber (1878-1965) beklagte einst, es sei „das beladenste aller Menschenworte. Keines ist so besudelt, so zerfetzt worden. Gerade deshalb darf ich darauf nicht verzichten. Die Geschlechter der Menschen haben die Last ihres geängstigten Lebens auf dieses Wort gewälzt und es zu Boden gedrückt; es liegt im Staub und trägt aller Last. Die Geschlechter der Menschen mit ihren Religionsparteiungen haben das Wort zerrissen; sie haben dafür getötet und sind dafür gestorben; es trägt ihrer aller Fingerspur und ihrer aller Blut. Wo fände ich ein Wort, das ihm gliche, um das Höchste zu bezeichnen!" Und er fährt fort: „Wir können das Wort >Gott< nicht reinwaschen, und wir können es nicht ganz machen; aber wir können es, befleckt und zerfetzt wie es ist vom Boden erheben und aufrichten über einer Stunde großer Sorge." (1)

Der Theologe Karl Rahner hielt das Vorhandensein des Wortes Gott für höchst bedenkenswert und fragte sich, was denn wäre, wenn dieses Wort endgültig verschwunden wäre: „Dann ist der Mensch nicht mehr vor das eine Ganze der Wirklichkeit als solcher und nicht mehr vor das eine Ganze seines Daseins als solchen gebracht. Denn ebendies tut das Wort >Gott< und nur es. (…) Der Mensch hätte das Ganze und seinen Grund vergessen, und zugleich vergessen – wenn man das noch sagen könnte -, dass er vergessen hat. Was wäre dann? Wir können nur sagen: Er würde aufhören, ein Mensch zu sein" (2).

Ein unvergleichliches Wort also, mit einer wechselhaften Geschichte, mit unerwartetem Gewicht und vielfältigen Bedeutungen. Und weil es eine unsichtbare und unbegreifliche Wirklichkeit bezeichnet, liegt es in der Natur der Sache, diesen abstrakten und farblosen Ausdruck mit Bildern, Symbolen und Metaphern aus der bekannten Erfahrungswelt etwas vorstellungs- und kommunikationsfreundlicher zu machen. Das bezeugt schon das Alte Testament mit seiner Vielzahl von Gottesbildern: Herr, Schöpfer, Richter, Rächer, Heerführer, König, Hirte, Fels u.a.m. Im Neuen Testament klingen diese Vorstellungen noch nach, doch mehr wird hier durch Jesus vom barmherzigen Vater gesprochen, der mit der Liebe gleichgesetzt wird.

Gottesbilder sind einerseits von individuellen Wünschen, Sehnsüchten, Hoffnungen oder auch Ängsten geprägt, doch wurzeln sie andererseits in der religiösen Tradition einer Glaubensgemeinschaft und spiegeln die gesellschaftliche, politische, weltanschauliche und theologische Situation ihrer Zeit. „Wie in der Religionsgeschichte allgemein, drohte auch im Christentum das Gottesbild immer wieder von den privaten Interessen der Gläubigen und den Kräfteverhältnissen in der Gesellschaft zweckbestimmt zu werden: Weil die Bauern am guten Wetter interessiert waren, wurde Gott für sie zum Wettergott; weil die Soldaten sich den Sieg wünschten, riefen sie Gott als den Schlachtenlenker an; weil die Herren ihre Macht zu erhalten trachteten, beriefen sie sich auf Gott als den Hüter der Ordnung; weil die Besitzenden ihren Besitz zu rechtfertigen suchten, nannten sie Gott den Geber aller guten Gaben; weil die Armen und Unterdrückten sich nach Gerechtigkeit und Freiheit sehnten, riefen sie das Reich Gottes als klassenlose Gesellschaft aus. So suchte jeder bewusst oder unbewusst sein eigenes Suppentöpfchen auf dem Feuer des göttlichen Altars mitzukochen" (3).

Dass handfeste menschliche Interessen in die Gottesvorstellung mit einfließen, sollte eigentlich nicht überraschen, da sie allesamt menschengemachte Konstruktionen sind, vorläufige Entwürfe, die keinen endgültigen

Anspruch erheben können. Problematisch und gefährlich werden diese Gottesbilder immer dann, wenn sie nicht mehr als höchst menschliche Phantasien und Projektionen erkannt und zur Durchsetzung eigener religiöser oder politischer Machtansprüche verabsolutiert werden. Dann sind Scheiterhaufen oder Selbstmordattentäter nicht weit.

Schon in den Zehn Geboten (dem „Dekalog") war klar ausgedrückt „Du sollst Dir kein Bildnis machen" (Ex 20,4), womit jedoch nicht ausgeschlossen war, sich im Kopf eine bildliche Vorstellung von Gott zu machen, sondern sich keinerlei hölzerne oder steinerne Kultbilder anzufertigen und damit ein bestimmtes Gottesbild zu verfestigen und absolut zu setzen.

Das Alte Testament bietet eben eine Vielzahl von Gottesbildern, jedoch keinen definierenden Gottesbegriff und erst recht kein einheitliches Gottesbild. In drei Schlüsselerfahrungen erzählt und deutet Israel seine Erfahrungen mit seinem Gott:

1. Die Offenbarungen gegenüber den sogenannten „Erzvätern" des Volkes (Abraham, Isaak, Jakob), wo es um die Verheißung von Schutz und Führung, reiche Nachkommenschaft und zugesagten Landbesitz geht.

2. Die große und prägende Erfahrung der Befreiung aus der ägyptischen Knechtschaft, die als Eingreifen Gottes

in das Schicksal des Volkes gedeutet wird. Damit begründet sich die Geschichte als auserwähltes Volk, das sich exklusiv zu diesem Gott bekennt.

3. Die während des Exodus sich ereignenden Gottes-erscheinungen als Naturphänomene (Gott in Wolken- und Feuersäule, Spaltung des Meeres, Versorgung mit Wasser und Speise in der Wüste, Gotteserscheinung auf dem Berg Sinai mit Verkündung der göttlichen Gebote, Ex 14-20). Hierin festigt sich der Bund zwischen Gott und Israel, das seine gesellschaftlichen Rechtsvorschriften nun als Anwendung des göttlichen Willens versteht.

Herbert Vorgrimler hebt dazu nochmals hervor, dass diese Grunderfahrungen nahelegen, „dass die adäquate Haltung diesem Gott gegenüber die der vertrauenden Hoffnung (und nicht etwa der Kult) ist, dass Gott sich nicht abbilden lässt und dass er keine feste Bindung an einen Ort eingeht, sondern mit dem wandernden Volk unter-wegs ist. Der späteren Reflexion wird deutlich, dass die Menschen Bild und Ort Gottes sind (Gotteben-bildlichkeit). Aus den Gotteserfahrungen Israels ergibt sich nicht, wie und was Gott an sich ist" (4).

Bei der kleinen Aufzählung der bekannten biblischen Bilder für Gott ist dir vielleicht aufgefallen, dass sie durchweg männlichen Charakter tragen. Doch das ist nicht die ganze biblische Wahrheit. Gerade das Alte

Testament kennt auch viele symbolische Vergleiche mit weiblicher Prägung: Gott als Mutter, als Gebärende, als Hebamme, Henne, Hausfrau, Bäckerin, Trösterin u. a. m. Aufgrund der eindeutig männerdominierten Gesellschaft und Religion im alten Israel konnten sie keine breitere Wirksamkeit entfalten und wurden erst in unseren Tagen durch die Feministische Theologie wieder in Erinnerung gerufen.

In ihrer Wirksamkeit sind Gottesbilder aber weder beiläufig noch harmlos, denn „Gottesbilder können sich heilsam auf unser Leben auswirken und unseren Lebensalltag enorm bereichern. Gottesbilder können aber auch pathologische Nebenwirkungen entfalten, indem sie uns psychisch krank oder zu einem gewalttätigen Risikofaktor für unsere Mitmenschen machen" (5).

Ein typisches Beispiel für ein krankmachendes Gottes-bild beschreibt Tilman Moser (*1938). Als Erwachsener rechnet er mit dem Gott seiner Kindertage ab, von dem er sich mühsam befreien musste: „Aber weißt du, was das Schlimmste ist, das sie mir über dich erzählt haben? Es ist die tückisch ausgestreute Überzeugung, dass du alles hörst und alles siehst und auch die geheimen Gedanken erkennen kannst. Hier hakte es sehr früh aus mit der Menschenwürde; doch dies ist ein Begriff der Erwach-senenwelt. In der Kinderwelt sieht das dann so aus, dass

79

man sich elend fühlt, weil *du* einem lauernd und ohne Pausen des Erbarmens zusiehst und zuhörst und mit Gedankenlesen beschäftigt bist. (…) Du hast mir so gründlich die Gewissheit geraubt, mich jemals in Ordnung fühlen zu dürfen, mich mit mir aussöhnen, mich o. k. finden zu können" (6).

Derart bedrückende Vorstellungen von Gott als einem Aufpasser, Polizisten, Buchhalter und Bestrafer sind nicht nur ein schleichendes Gift in einer Kinderseele, sie haben vor allem mit einer verantwortlichen Gottesrede auf biblischer Grundlage nichts mehr gemein. Sie waren und sind ein verhängnisvoller Missbrauch der Gottesidee zur Disziplinierung und Unterdrückung in Elternhaus, Schule, Staat und Kirche.

Die Grundlage jeder christlichen Gottesrede ist und bleibt das Neue Testament, die Worte und Taten des Jesus von Nazareth. Er verdeutlicht sein Gottesverständnis in zahlreichen Gleichnissen, die der Alltagswelt seiner Zuhörer angepasst sind. „Für Jesus ist Gott alles andere als fern, er ist kein Herr, kein himmlischer König, kein Allmächtiger, sondern er ist das, was kaum jemand – und schon gar nicht ein frommer Mensch – von ihm je sagen würde: Er ist das Allerselbstverständlichste. Er ist Feigenbaum, Acker, Weg, menschliches Gesicht – also alles, was wir vor Augen und um uns herum haben. Fast alle Gleichnisse, die Jesus erzählt, sprechen vom Reich Gottes und haben darum diese Pointe. Gott ist überall, und daher ist er vor allem dort, wo wir ihn am allerwenigsten vermuten: direkt vor und bei uns." (7) Für Jesus steht die unbedingte Zuwendung Gottes zum Menschen und zur Welt im Vordergrund, seine Liebe, für die jeder Einzelne sich öffnen und sie weiterreichen soll. Das klingt einfach, wenn auch anspruchsvoll. Doch Jesu Rede von Liebe hat nichts mit betulicher Gefühlsduselei zu tun, sie wirkt sogar zutiefst verstörend, sofern sie wirklich verstanden und ernstgenommen wird. „Das Gott Liebe ist, dass wir geliebt sind und selbst lieben sollen, das widerspricht unserer Auffassung von Moral, Gerechtigkeit und Religion. Denn Liebe kennt keine Regeln, und damit erteilt sie unserem tiefen Bedürfnis nach dem fairen Ausgleich eine glatte Absage. (…) Dieser Gott ist der Gott einer radikal konsequenten Verbundenheit allen Lebens, die nur wenige Große der Religion so haben nachvollziehen können. Das religiöse Normalbewusstsein dagegen setzt auf seine Heiligen, Priester, Gebetsrituale und dogmatischen Glaubenssätze." (8)

Dieser „Gott des Lebens" ist konsequent auf der Seite der religiös und gesellschaftlich Benachteiligten und Ausgegrenzten, der Sünder, der Armen und Kranken sowie derer, die am Rand der menschlichen Gemeinschaft stehen. Jesus verkörpert diese heilsame Liebe Gottes und zeigt dadurch, wer Gott ist. Später wird man ihn deshalb als das „menschgewordene Wort Gottes", als „Sohn Gottes" und „Messias" bezeichnen, um die Unüberbietbarkeit der Wahrnehmung Gottes in diesem konkreten Menschen auszudrücken.

Ein markanter Stolperstein der christlichen Gottesrede stellt immer wieder das Bekenntnis zum dreifaltigen (oder: dreieinigen), „trinitarischen" Gott dar. Der Kontrast zum scheinbar eindeutigeren Monotheismus im Judentum und Islam liegt jedoch nur in der spezifischen Ausprägung des Glaubens an den einen und einzigen Gott. Wie es zu dieser Modifizierung des monotheistischen Credos der Christen kam, versucht Wilfried Härle mit einfachen Worten zu erläutern: „Da trat Jesus auf und erzählte den Menschen von Gott, lebte mit ihnen zusammen, vergab ihnen ihre Sünden und heilte Kranke. Und nach einer Weile sprach es sich bei immer mehr Menschen herum: Dieser Jesus tut das, was wir uns von Gott erhoffen. Er gleicht Gott. Ja, er verkörpert offenbar Gottes Wesen in Menschengestalt. Da hatten sie Gott zweifach. Und um sie unterscheiden zu können, nannten sie Jesus den Sohn und Gott den Vater. Denn häufig gleichen die Söhne ja ihren Vätern. Aber damit nicht genug. Als sie darüber nachdachten, wie ihnen das bewusst geworden war, merkten sie: Das haben wir uns nicht ausgedacht, sondern das hat uns eingeleuchtet. Und ihnen wurde bewusst: Das wirkt derselbe Gott, der uns in Jesus begegnet. Er hat uns das klar werden lassen. Und diese dritte Form der Begegnung mit Gott nannten sie den Heiligen Geist. Denn durch den Geist werden uns Dinge klar. Aber immer war und ist es derselbe eine Gott. Trinität ist also: dreimal auf unterschiedliche Weise derselbe Gott" (9).

Das Wort Gott gibt uns also auch weiterhin zu denken. Der kritische Umgang mit überlieferten Vorstellungen als auch der selbstkritische Blick auf den eigenen Glauben bleiben lebenslange Aufgaben. Mit Gott werden wir nicht fertig. Das mit dem Wort Gemeinte bleibt der offene Horizont unserer Suche nach Wahrheit und Liebe, Gerechtigkeit, Sinn und Erfüllung. Es ist darum auch nicht wichtig, durch welche Worte, Bilder, Symbole oder Formeln man auf diese göttliche Dimension hinweist: Als Geheimnis der Welt, Grund und Tiefe des Seins, das ewig Eine, das ewige Du, das Alpha und Omega, die moralische Weltordnung, das Umgreifende etc. Auch alle Namengebungen, ob Gott, Jahwe, Allah, Brahma, Zeus, Jupiter usw., sind relativ durch ihre Bindung an Zeiten, Länder, Völker und Kulturen. Alle gewählten Begriffe und Bezeichnungen bleiben erlaubte, aber vergebliche Versuche, Gott sprachlich und gedanklich einzufangen – in dem (hoffentlich) gleichzeitigen Wissen, dass es bloß ein unzureichendes Stammeln sein kann. Diese Offenheit drückt im Alten Testament schon die berühmte Antwort

Gottes aus, als Moses ihn nach seinem Namen fragt: „Da sagte Mose zu Gott: >Wenn ich nun aber zu den Israeliten komme und ihnen sage: ›Der Gott eurer Väter hat mich zu euch gesandt‹, und wenn sie mich dann fragen: ›Wie heißt er denn?‹, was soll ich ihnen dann antworten?< Da sagte Gott zu Mose:»Ich bin, der ich bin.« (Exodus 3,13f) Die geheimnisvolle Antwort ist deutliche Warnung und Auftrag, Gott nicht in bestimmte Vorstellungen und Begriffe einzusperren.

Die großen Denker der christlichen Glaubensgeschichte haben die bleibende Unsagbarkeit Gottes immer wieder neu herausgestellt, wie die folgenden Zitate belegen (10):

Gregor von Nazianz (329-390): „Kein Wort drückt dich aus. Wie soll ich dich nennen? Dich, den man nicht nennen kann. Oh, du, der Jenseitige von allen! Ist dies nicht alles, was man von dir sagen kann?"

Augustinus (354-430): „Gott kann nicht einmal das Unsagbare genannt werden, weil auch damit noch etwas gesagt wird. Da ist es besser; wenn man schweigt."

Anselm von Canterbury (1033-1109): „In dir bewege ich mich und bin ich und kann doch nicht zu dir gelangen. In mir bist du und um mich, aber ich nehme dich nicht wahr."

Thomas von Aquin (1225-1274): „Was Gott wirklich ist, bleibt uns allezeit verborgen; und dieses ist das Höchste, was wir in diesem Leben von Gott wissen können: zu wissen, dass er jeden Gedanken übersteigt, den wir über ihn zu denken vermögen."

Das 4. Laterankonzil in Rom legte 1215 mit höchster kirchlicher Autorität fest: „Denn zwischen dem Schöpfer und dem Geschöpf kann man keine so große Ähnlichkeit feststellen, dass zwischen ihnen keine noch größere Unähnlichkeit festzustellen wäre." (11)

Und auch der Katholische Erwachsenen-Katechismus von 1985 erklärt in diesem Sinne: „Gott ist keine fertige Antwort auf unsere Fragen. Gott ist ein tiefes Geheimnis. Er ist kein Gegenstand, den man wie andere Gegenstände feststellen könnte. Gott gibt es nicht in der Weise, wie es die Dinge oder auch die Menschen in der Welt gibt. Er ist nicht irgendwo ‚da oben'. Sein Geheimnis umfängt uns überall. Darum ist er auch nicht ein Lückenbüßer-Gott, der nur an den Grenzen menschlicher Erkenntnis in den Blick kommt." (12)

Wenn aber der Glaube einen Gott bekennt, der so unbegreiflich ist, sich dem menschlichen Verstand derart hartnäckig widersetzt, wie lässt sich dann gegenüber dem Ungläubigen oder dem Zweifler von diesem Gott sprechen? Das ist das Anliegen der sogenannten „Gottesbeweise". Der Begriff ist jedoch recht missverständlich, wie sich zeigen lässt. (13)

Als Gottesbeweis gilt das Bemühen, die Existenz Gottes mit rationalen, logischen oder tatsachengestützten Argumenten (also ohne Berufung auf die biblische Offenbarung) definitiv und zweifelsfrei zu belegen. Die stärksten Wurzeln dieser philosophisch-theologischen Versuche entwickelten sich nach der Neuentdeckung antiker Quellen im Hochmittelalter, als sich die Überzeugung durchsetzte, dass Glaube und Vernunft keine konkurrierenden Gegensätze sind, sondern sich gegenseitig ergänzen.

Sie sorgten zu ihrer Zeit für erregte akademische Debatten, fanden viel Zustimmung, blieben jedoch von Anfang an nicht unwidersprochen. Spätestens mit der Epoche der Aufklärung verloren sie an intellektueller Überzeugungskraft und theologischer Bedeutung. Heute führen sie in der zeitgenössischen Theologie eher ein stilles ideengeschichtliches Rentnerdasein. Dennoch verdienen sie in der Sache immer noch unsere Aufmerksamkeit und lassen sich für eine verantwortliche Gottesrede konstruktiv nutzen.

Wie wurde also für die Existenz Gottes dabei argumentiert? Wir beschränken uns hier für den besseren Überblick auf die „klassischen" Ansätze, die ich in vereinfachter Sprache wiedergeben werde: Das ontologische Argument des Anselm von Canterbury, die „fünf Wege" des Thomas von Aquin, das Wett-Motiv von Blaise Pascal und das moralische Argument von Immanuel Kant.

1. Der ontologische Gottesbeweis: Er wurde von Anselm von Canterbury (1033-1109) formuliert und lautet sinngemäß: Gott ist das Größte, was von Menschen gedacht werden kann. Dieses Größte schließt alles ein. Dazu gehört auch, dass es auch real existieren muss. Denn wäre es bloß als vollkommen *gedacht*, also nur in unserer Vorstellung, so wäre es nicht vollkommen, da ihm die reale Existenz fehlen würde. Ein unvollkommenes Wesen wäre aber nicht das größte, das wir uns denken können. Da wir die Idee „Gott" besitzen und damit das höchste Wesen meinen, muss es folglich auch existieren.

2. Thomas von Aquin (1225-1274) greift weithin auf den griechischen Philosophen Aristoteles (384-322) zurück und argumentiert in fünf Gedankengängen („Wege"):

a) BEWEGUNG: Da jede Bewegung (Veränderung) in dieser Welt als Ursache eine andere Bewegung hat, kann man nun die Kette der Ursachen immer weiter in die Vergangenheit zurückverfolgen. Irgendwann muss es dann aber eine Ursache geben, die zwar bewegt, aber selbst nicht bewegt wird. Eine Verkettung, die ins Unendliche zurückreicht, ist für Thomas vernünftigerweise nicht vorstellbar. Am Anfang muss es zwangsläufig einen „unbewegten Beweger" geben. Diese Erst-Ursache, so sagt er, nennen alle Gott.

b) KAUSALITÄT: Alles, was in dieser Welt existiert, lässt sich auf eine Ursache zurückführen. Die gesamte Welt muss also auch ihrerseits eine Ursache haben, einen Urheber, der alles in Bewegung gesetzt hat. Dieser Urheber oder Schöpfer der Welt, der seinerseits keine Ursache hat, ist Gott. Wäre auch Gott verursacht, also nur ein „Produkt" dieser Reihe, so bliebe die Ursachenkette endlos, ohne Grund und Sinn.

c) KONTINGENZ: Alles was existiert, erhält seine Notwendigkeit durch etwas Anderes. Dinge haben die Möglichkeit, zu sein oder nicht zu sein, Dinge also, die werden und vergehen. Wenn aber alle Dinge die Eigenschaft haben, auch irgendwann einmal nicht zu sein, dann waren sie irgendwann auch einmal nicht, dann war also irgendwann einmal nichts. Aus nichts kann aber nichts werden. Nur durch etwas, das bereits ist, kann etwas aus der Möglichkeit zur Wirklichkeit gelangen. Es muss also etwas geben, das nicht bloß möglich ist, sondern von sich aus notwendig existiert. Und das nennen alle Gott.

d) STUFEN DES SEINS: Es gibt in den verschiedenen Dingen Abstufungen der Werthaftigkeit. Es gibt etwas mehr oder minder Gutes, mehr oder minder Wahres, mehr oder minder Edles. Dieses »mehr oder minder« kann man aber nur sagen, wenn man zugleich etwas mitdenkt, was dies alles auf höchste Weise ist. Es gibt also etwas, das höchst wahr, höchst gut, höchst edel und folglich höchst seiend ist. Ohne dieses Höchste gäbe es also gar nicht diese beobachteten Abstufungen. Also gibt es etwas, das für alles die Ursache des Seins, der Güte und aller Vollkommenheit ist. Und das nennen wir Gott.

e) ZIELBESTIMMUNG: Vor allem in der Natur laufen viele Prozesse ganz offensichtlich zielgerichtet ab. Es gibt eine Ordnung der Dinge, die wir auch als Naturgesetze bezeichnen: von den Regeln der Zellteilung bis hin zu den berechenbaren Bahnen der Planeten. Die Kräfte, die ordnend und zweckmäßig auf die Materie einwirken, kommen nicht von ungefähr. Sie können ihrerseits kein blindes Zufallsprodukt sein. Jede Ordnung belegt durch ihr Dasein und ihr Funktionieren eine im Hintergrund stehende Vernunft. Die Ordnung dieser Welt weist zweifelsfrei auf eine schöpferische Vernunft hin, die wir Gott nennen.

3. Immanuel Kant (1724-1804) verwirft und widerlegt die bisher genannten Gottesbeweise, hält aber trotzdem an einer rationalen Argumentation für die Existenz Gottes fest. Für ihn reduziert sich die Erkennbarkeit Gottes auf ein Postulat, d.h. eine notwendige Annahme, die sich aus seiner Ethik ergibt. Neben den Annahmen der Unsterblichkeit der Seele und der Willensfreiheit des Menschen bedarf es für ihn eben auch der Annahme, dass Gott existiert.

Grund: Es gibt es absolute sittliche Verpflichtungen. Faktisch verstoßen aber viele Menschen gegen sittliche Normen. Das Bewusstsein einer absoluten sittlichen Verpflichtung kann sich also nicht aus der Beobachtung des tatsächlichen Lebens herleiten. Vielmehr muss es ein im Menschen innewohnendes Gesetz geben, das ihm sagt, was gut und was schlecht ist. Die innere Begründung für dieses sittliche Gesetz liegt in Gott.

Wenn die Einhaltung sittlicher Normen zudem nicht in das Belieben der Einzelnen gestellt sein soll, muss es einen Gott geben, der der absolute Garant der sittlichen Wertordnung ist. Gott bleibt also für die Vollendung der Moral unverzichtbar. (14)

4. Der französische Philosoph und Mathematiker Blaise Pascal (1623-1662) argumentiert für den Glauben an Gott in der Form einer berühmten Wette:

Option 1: Man glaubt an Gott. Fakt ist: Gott existiert tatsächlich. In diesem Fall wird man belohnt und kommt in den Himmel. Man hat gewonnen.

Option 2: Man glaubt an Gott. Fakt ist: Gott aber existiert nicht. In diesem Fall gewinnt man nichts, verliert aber auch nichts.

Option 3: Man glaubt nicht an Gott. Fakt ist: Gott existiert wirklich nicht. In diesem Fall gewinnt man ebenfalls nichts, verliert aber auch nichts.

Option 4: Man glaubt nicht an Gott. Fakt ist: Gott existiert. In diesem Fall wird man bestraft und landet in der Hölle. Man hat verloren.

Die Analyse dieser Möglichkeiten legt für Pascal logisch nahe, dass es besser ist, bedingungslos an Gott zu glauben.

Was gibt es nun an all den genannten Argumentationen zu kritisieren?

Ein erster Einwand gilt der Titulierung als Gottesbeweis. Was ist ein Beweis? Der Begriff ist primär in der Logik und der Mathematik beheimatet. Generell meint man damit eine Erkenntnisquelle, die die Wahrheit oder Unwahrheit einer Behauptung belegt. In der Logik gilt als Beweis eine Reihe von logischen Schlussfolgerungen, die die Wahrheit eines Satzes auf als wahr Angenommenes zurückführen soll. Die Mathematik verlangt als Beweis die als fehlerfrei anerkannte Herleitung der Richtigkeit bzw. der Unrichtigkeit einer Aussage aus einer Menge von Axiomen, die als wahr vorausgesetzt werden, und anderen Aussagen, die bereits bewiesen sind. Ein Axiom ist ein Grundsatz einer Theorie, einer Wissenschaft oder eines axiomatischen Systems, der innerhalb dieses Systems nicht begründet oder deduktiv abgeleitet wird. (15)

Diese kurze Begriffsklärung macht schon deutlich: „Bei allen religiösen Aussagen, die aus dem Glauben hervorgehen, sich interpretierend auf ihn beziehen, ist eine solche Beweisführung nicht möglich. Das gilt auch und besonders für die sogenannten Gottesbeweise. Sie gehören zu den Bereichen, in denen Beweise im naturwissenschaftlichen Sinn von vornherein gar nicht in Frage kommen" (16).

Auch der Philosoph Karl Jaspers (1883-1969) hatte schon darauf hingewiesen, dass die Gottesbeweise ursprünglich gar nicht als (wissenschaftliche) Beweise gedacht waren. Sie seien vielmehr Wege des Sichvergewisserns im Denken. Selbst Thomas von Aquin hatte nicht die Absicht, mit seinen fünf „Wegen" einen zwingenden Beweis für die Existenz des christlichen Gottes vorzulegen. Der Begriff „Gottesbeweis" bleibt also missverständlich und irreführend. Einen ultimativen Beweis für Gott kann es nicht geben (ebenso wenig einen Beweis seiner Nicht-Existenz), sofern mit Gott eine Wirklichkeit gemeint ist, die die raum-zeitliche Dimension unserer Welt übersteigt. Menschliches Erkennen bleibt jedoch in diesen weltlichen Koordinaten gebunden.

Anselms ontologisches Argument enthält, wie Kant gezeigt hat, den gedanklichen Trugschluss, von einem Begriff auf die faktische Existenz des Gemeinten zu schließen. Die Existenz ist jedoch keine Eigenschaft, wie Anselm unterstellt. Das ist daher, so Kant, ein fälschlicher Gebrauch des Begriffs. Mit diesem definitorischen Zaubertrick könnte man ansonsten auch die reale Existenz jedes anderen angenommenen Wesens belegen, indem man das Existieren zu dessen notwendiger Eigenschaft erklärt. Schon wäre das reale Vorkommen von Elfen und Einhörnern eindeutig bewiesen.

Die Denk-Wege des Thomas von Aquin schließen von den empirischen Beobachtungen und Erfahrungen in dieser Welt auf das Dasein Gottes. Thomas „geht von einer Welt aus, die von Gott nach vernünftigen Gesichtspunkten geplant ist und deren Ordnung mit der Vernunft durchschaut werden kann. Sobald die Welt als Ergebnis von Evolution und Selektion erklärt wird und eine skeptische Grundhaltung, die in der Welt eher die Mängel als das Positive wahrnimmt, bestimmend wird, verliert dieser Denkansatz an Plausibilität" (17).

Auch das Argument der Kontingenz, „der Nicht-Notwendigkeit der Welt wurde in der theologischen Argumentation Jahrhundertelang vorgetragen, es überzeugt aber nicht, ja, es beruht offenbar auf einem Fehlschluss vom Teil aufs Ganze, der leicht zu widerlegen ist: Wenn alle Menschen eine Mutter haben, muss nicht auch die ganze Menschheit eine Mutter haben. (…) Die Welt braucht zur Erklärung ihrer Existenz offenbar keinen Gott, und Gott seinerseits braucht keine Religion; eine religiöse Beziehung zu Gott brauchen einzig wir Menschen, um uns als Menschen inmitten einer Welt zu begründen, die menschlich nicht sein kann.

Woran müssen wir Menschen als absolut glauben, um Menschen zu sein? Das ist die eigentliche Frage nach Gott" (18).

Auch Kants Postulat Gottes als Moral-Garant „büßt an Überzeugungskraft ein, wenn man die ethischen Normen als Teil gesellschaftlicher Übereinkunft versteht. Dann werden sittliche Überzeugungen geschichtlich erklärbar und relativiert. Sie verlieren den Charakter einer absoluten Verpflichtung" (19).

Die Pascal´sche Wette beinhaltet eine Reihe von Voraussetzungen, die man nicht teilen muss und die eine fragwürdige Vorstellung des Glaubens bieten.

a) Die Optionen suggerieren, der Mensch befände sich in der Situation eines Spielers, der verpflichtet ist zu spielen. Das trifft nicht zu. Man kann sich auch der Stimme enthalten.

b) Der Glaube an Gott ist auch nicht einfach eine Sache scheinbar rationaler Entscheidung, so wie man entscheidet, in die Oper oder ins Kino zu gehen. Die Entscheidung für den Glauben aufgrund der Aussicht, damit am Ende einen persönlichen Vorteil zu erlangen, geht am Wesen des Glaubens vorbei.

c) Auch die als Drohung wirkende Perspektive, bei falscher Wahl in der Hölle zu landen, ist schwer verdaulich, da sie die Vorstellung eines willkürlich strafenden Gottes enthält. Ewige Verdammnis als Folge einer falschen Wahlentscheidung?

d) Die unterstellte Annahme, Gläubige hätten im Leben deutlich weniger Spaß als Ungläubige, weil sie ja vielen einschränkenden Verboten unterlägen, ist ebenfalls eine Verzerrung christlicher Moral. Hemmungsloser Genuss ist nicht die bessere Nutzung der Freiheit.

Soweit in gebotener Kürze ein kritischer Blick auf die ausgewählten Gottesbeweise. Als unbezweifelbare Beweise können sie also nicht dienen. Dennoch sind sie für das gläubige Denken nicht wertlos. Der englische Theologe Keith Ward macht einen reizvollen Vorschlag, wie man etwa die „fünf Wege" des Thomas von Aquin auch anders lesen kann. Man kann sie nämlich auch als Meditationsübungen betrachten. (20)

Wenn wir – beim *ersten Weg* – so über die Veränderungen all dessen nachdenken, was wir erfahren, dann könnten wir ein Gespür für das Vorübergehende, den Zufall, die flüchtige Natur all dessen entwickeln, was wir durchleben. Dann könnten wir auch ein Gespür dafür bekommen, dass diese Veränderungen nicht bloß willkürlich oder zufällig vonstattengehen. Wenn wir an das Vergängliche aller erfahrenen Dinge denken, können wir das Gespür für eine dem zugrundeliegende Wirklichkeit entwickeln, die diesen Wechsel verursacht, dabei aber nicht selbst Teil des Prozesses ist, den wir erfahren.

Bei dem *zweiten Weg* meditieren wir über Geburt und Tod, über das, was wird und vergeht, über die Art, in der alles Sein über dem Abgrund des Nichts schwebt. Und dann vielleicht fühlen wir, was jenseits des Werdens und Vergehens ist, was immer ist und daher jenseits von Entstehung und Vergehen bleibt.

Bei dem *dritten Weg* meditieren wir darüber, wie alles so ganz einfach anders sein könnte als es ist; darüber, wie alles, was wir erfahren, zufällig zu sein scheint. Und wir könnten zu einer Erfahrung dessen gelangen, dass wesentlich das ist, was es ist, was einfach so sein muss, wie es ist, was sein muss und sein Sein niemand anderem schuldet als sich selbst.

Bei dem *vierten Weg* meditieren wir über viele Arten und Abstufungen der guten und schönen Dinge, die es in der Welt gibt. An die Schönheit und Güte vieler Dinge zu denken, kann uns dahin bringen, dass wir spüren, was jenseits aller jeweiligen Schönheiten liegt, nämlich die Schönheit selbst, die eine vollkommene Quelle aller jeweiligen Schönheiten ist, die davon nur ein schwacher Widerschein sind.

Und beim *fünften Weg* meditieren wir über die Art und Weise, wie in der Natur Ordnung und Verständlichkeit

herrschen, so dass die Dinge entsprechend den ausge-
klügelt angeordneten Prozessen ablaufen. Wenn wir so
denken, können wir zu dem Gespür gelangen, dass hinter
aller natürlichen Ordnung, die jedem Ding Ordnung und
Zweck gibt, etwas liegt, das selbst aber über aller
erfahrenen Ordnung liegt.

Wie und wo ist Gott aber zu finden, zu erfahren? Dass der
Weg zu Gott nicht in der äußeren Welt verläuft, sondern
im menschlichen Geist, wussten die Weisen und Mystiker
aller Zeiten und Religionen. Meister Eckhart (1260-1328)
etwa provozierte vor Jahrhunderten in einer Predigt: „Ich
bin des so gewiss, wie ich lebe, dass mir nichts so >nahe<
ist wie Gott. Gott ist mir näher, als ich mir selber bin" (21).

In gleichem Sinne formuliert der bekannte Religions-
pädagoge Hubert Halbfas in unseren Tagen: „Was das
Wort Gott meint, ist nur auf einem inneren Wege zu
erkennen möglich. Gott ist ein Wort für den Brunnen-
grund, in den du springen musst, wenn du dich selbst
finden willst. Gott ist die Wahrheit der Welt, in der allein
Menschen wahr werden können. Darum ist Gott nur auf
einem inneren Weg zu finden. Gott finden heißt, sich
selbst finden: frei werden, um zu lieben" (22).

Dem will ich an dieser Stelle nichts weiter hinzufügen,
wenn sicherlich auch noch nicht alles dazu gesagt ist.

6. Denken als Putzmittel

Der Streit um Gott ist so alt wie der Glaube selbst. Wer hätte da keinen Zweifel, keine Fragen, keine Kritik an der Religion! Der im Volk verbreitete Glaube an das Dasein und Handeln von Göttern trifft schon im alten Griechenland auf erste bissige Kritik. So hält schon der Philosoph Xenophanes (570-475) seinen göttergläubigen Zeitgenossen einen Spiegel vor (1):

„Alles haben Homer und Hesiod den Göttern angedichtet, was nur immer bei den Menschen Schimpf und Schande ist: Stehlen, Ehebrechen und sich gegenseitig Betrügen." (Fragment 11). „Doch die Sterblichen wähnen, die Götter würden geboren und hätten Gewand, Stimme und Gestalt ähnlich wie sie selber." (Fragment 14) „Wenn Kühe, Pferde oder Löwen Hände hätten und damit malen und Werke wie die Menschen schaffen könnten, dann würden die Pferde pferde-, die Kühe kuhähnliche Götterbilder malen und solche Gestalten schaffen, wie sie selber haben." (Fragment 15) „Die Äthiopen stellen sich ihre Götter schwarz und stumpnasig vor, die Thraker dagegen blauäugig und rothaarig." (Fragment 16)

Und etwa zweihundert Jahre später formuliert der Philosoph Epikur (341-270) seinen Zweifel angesichts von Leid und Unrecht: „Entweder wollen die Götter die

Ungerechtigkeiten in der Welt abschaffen und können es nicht – dann sind sie schwach; oder sie können es und wollen es nicht – dann sind sie schlecht; oder sie können es nicht und wollen es nicht – dann sind sie schwach und schlecht; oder sie können es und wollen es – warum tun sie es dann nicht?" – Eine Frage, die auch heutige Menschen noch in ähnlicher Weise stellen.

Xenophanes will das religiöse Denken seiner Zeit aus der Naivität mythischer Vorstellungen herausführen und zeigen: „Religion steht kritischem Denken nicht entgegen, sondern bedarf der Kritik, um sich selbst herauszubilden. Religionskritik hat in diesem Sinne von Anfang an eine klärende Funktion" (2). Wie wir schon im vorigen Kapitel gesehen haben, sind Gottesbilder unweigerlich mit typisch menschlichem Denken und Fühlen infiziert. Das Bewusstmachen dieser Hintergründe ist mühevoll und ruft verständlicherweise auch heftige Gegenwehr hervor, da wir von liebgewonnenen Vorstellungen nur schwer abzubringen sind. Das trifft auch für die Kritik von Epikur zu. Wenn das Gottesbild ganz selbstverständlich von den göttlichen Eigenschaften „allmächtig, allwissend, allgütig" durchdrungen ist, stellt sich in den konkreten Situationen von Leid, Schmerz und Ungerechtigkeit folgerichtig die Frage „Wie kann Gott das zulassen?". Die Gottesvorstellung und die erfahrene Realität treten in einen krassen Gegensatz, der am bisherigen Glauben zweifeln oder ihn sogar aufgeben lässt. Es bedarf dann schon einer Portion Mut, den radikalen Gedanken zuzulassen, dass die eigene Glaubensüberzeugung vielleicht falsch war, dass Gott möglicherweise doch ganz anders ist als gedacht.

Doch bleiben wir bei den Gottesbestreitern, die ja nicht in jedem Fall grundlegend die Existenz einer Wirklichkeit, die das Wort „Gott" anzeigt, aushebeln wollen, sondern vielmehr die in vielen Köpfen eingenisteten Ideen darüber einer harten Kritik unterziehen. Der Streit um Gott hat gerade als Folge der sogenannten „Aufklärung" im 18. und 19. Jahrhundert eine regelrechte Blüte erlebt. Deshalb möchte ich den Blick quasi repräsentativ nur auf diese Epoche richten und damit auf die „Erzväter" der modernen Religionskritik: Ludwig Feuerbach, Karl Marx, Friedrich Nietzsche und Sigmund Freud. Deren Einwände wirken bis heute fort und haben das theologische Denken maßgeblich verändert. Ich möchte auch zwecks Über- schaubarkeit nicht näher auf deren Biografien eingehen, sondern dir durch einige Zitate ihre Positionen erkennbar machen und auch auf die spätere Gegenkritik auszugs- weise eingehen.

Ludwig Feuerbach (1804-1872) veröffentlichte im Jahr 1841 seine bahnbrechende Abrechnung unter dem Titel „Das Wesen des Christentums". Darin heißt es:

„Wie der Mensch denkt, wie er gesinnt ist, so ist sein Gott: soviel Wert der Mensch hat, soviel Wert und nicht mehr hat sein Gott. Das Bewußtsein Gottes ist das Selbstbewußtsein des Menschen, die Erkenntnis Gottes die Selbsterkenntnis des Menschen. Aus seinem Gotte erkennst du den Menschen und wiederum aus dem Menschen seinen Gott; beides ist eins."

„Wenn aber die Religion, das Bewußtsein Gottes, als das Selbstbewußtsein des Menschen bezeichnet wird, so ist dies nicht so zu verstehen, als wäre der religiöse Mensch sich direkt bewußt, daß sein Bewußtsein von Gott das Selbstbewußtsein seines Wesens ist, denn der Mangel dieses Bewußtseins begründet eben das eigentümliche Wesen der Religion. Um diesen Mißverstand zu beseitigen, ist es besser zu sagen: die Religion ist das erste und zwar indirekte Selbstbewußtsein des Menschen."

„Die Religion, wenigstens die christliche, ist das Verhalten des Menschen zu sich selbst, oder richtiger: zu seinem Wesen, aber das Verhalten zu seinem Wesen als zu einem andern Wesen. Das göttliche Wesen ist nichts andres als das menschliche Wesen oder besser: das Wesen des Menschen, abgesondert von den Schranken des individuellen, d.h. wirklichen, leiblichen Menschen, vergegenständlicht, d.h. angeschaut und verehrt als ein andres, von ihm unterschiednes, eignes Wesen– alle Bestimmungen des göttlichen Wesens sind darum Bestimmungen des menschlichen Wesens."

„Die Religion ist die Entzweiung des Menschen mit sich selbst: er setzt sich Gott als ein ihm entgegengesetztes Wesen gegenüber. Gott ist nicht, was der Mensch ist – der Mensch nicht, – was Gott ist. Gott ist das unendliche, der Mensch das endliche Wesen; Gott vollkommen, der Mensch unvollkommen; Gott ewig, der Mensch zeitlich; Gott allmächtig, der Mensch ohnmächtig; Gott heilig, der Mensch sündhaft. Gott und Mensch sind Extreme:

Gott das schlechthin Positive, der Inbegriff aller Realitäten, der Mensch das schlechtweg Negative, der Inbegriff aller Nichtigkeiten. Aber der Mensch vergegenständlicht in der Religion sein eignes geheimes Wesen." (3)

Soweit Feuerbach im Originalton. Du siehst, dass er die alte Idee von Xenophanes aufgegriffen und verschärft hat. Gott ist also für ihn eine Illusion, die aus den Wünschen des Menschen entstanden ist. Der Mensch glaubt an einen Gott als die Vollkommenheit, die er sich wünscht und nicht anders als in der Vorstellung eines entsprechenden absoluten Wesens finden kann. Gott ist nichts Anderes als das nach außen (an den Himmel) projizierte Wesen des Menschen. Diese unbewusste Projektion (eines Teils) des eigenen Wesens auf ein jenseitiges, überweltliches Wesen markiert zugleich eine Selbstentfremdung des Menschen, die überwunden werden muss. Wenn Gott der Inbegriff von allem Guten ist, bleibt dem Menschen nur der Anteil des Negativen. Er ist der Sünder, der alles Gute für sich und die Welt allein „von oben" erwarten darf. Dieser Selbstentzweiung tritt Feuerbach entgegen, er will den Menschen befreien und ihm seine Ganzheit und eine realistische Identität zurück-geben, mit den Mitteln der Vernunft. Der Kampf gilt einer weltabgewandten Frömmigkeit und Jenseitsorientierung, die den Einzelnen als auch die Gesellschaft in einer lähmenden Gottes-Illusion gefangen hält. Feuerbachs Anliegen war es, so Hans Küng (1928-2021), „dass er die

Menschen von Kandidaten des Jenseits zu Studenten des Diesseits machen wollte: aus den religiösen und politischen Kammerdienern der himmlischen und irdischen Monarchie und Aristokratie zu freien, selbstbewussten Bürgern" (4).

Wieweit ist Feuerbachs berechtigte Absicht, das religiöse Denken von irrigen Vorstellungen zu befreien und auf eine solide humanistische Basis zu stellen, durch seine Projektionstheorie hinreichend begründet?

Seine Behauptung, dass Gott lediglich ein Spiegelbild des Menschen sei, ihm also keine Realität entspreche, lässt Feuerbach ohne einen zwingenden Beweis. Diese Theorie könnte zutreffen, muss es aber nicht. „Die Frage muss vielmehr offenbleiben. Nur das ist aus Feuerbachs Argument logisch zu folgern: Die Ausgerichtetheit des menschlichen Bewusstseins auf ein Unendliches sagt noch nichts aus über die Existenz oder Nichtexistenz einer vom Bewusstsein unabhängigen unendlichen Wirklichkeit." (5) Oder ein etwas näherliegender Vergleich: „Wenn wir uns verliebt haben, schließen wir ja auch nicht völlig aus, dass der Mensch, dem unsere Gefühle gelten, diese vielleicht in gleicher Weise für uns empfinden könnte; dies ist, wo es sich fügt, über die Maßen beglückend, aber doch deswegen gerade nicht *zu* schön, um wahr zu sein" (6).

Heute gebe es, so Hans Küng weiter, „ungezählte Menschen, die freie, selbstbewusste Bürger der Erde sind, gerade weil sie an Gott glauben als den Grund und die Garantie ihrer Freiheit und Mündigkeit" (7). Auch Feuerbachs Ziel, ein von der Illusion Gott befreiter Humanismus, hat sich insbesondere im 20. Jahrhundert als leider auch illusorischer Traum erwiesen: zwei Weltkriege, der Holocaust, der Archipel Gulag, die Atombombe, Völkermorde usw. Ein Menschenbild, eine Humanität ohne Gottesbezug ist offenbar auch nicht die Lösung.

Ebenso ist Feuerbachs Argument, der Gottesglaube verführe die Menschen dazu, sich nicht weiter für die Verbesserung der irdischen Verhältnisse zu engagieren, ist eher ein Zerrbild des Christentums. Dazu nochmals Hans Küng: „Der Gottesglaube war und ist gewiss oft autoritär, tyrannisch und reaktionär. Er kann Angst, Unreife, Engstirnigkeit, Intoleranz, Ungerechtigkeit, Frustration und soziale Abstinenz produzieren, kann geradezu Unmoral, gesellschaftliche Missstände und Kriege in einem Volk oder zwischen Völkern legitimieren und inspirieren. Aber: Der Gottesglaube konnte sich gerade in den letzten Jahrzehnten wieder zunehmend als befreiend, zukunftsorientiert und menschenfreundlich erweisen: Gottesglaube kann Lebensvertrauen, Reife, Weitherzigkeit, Toleranz, Solidarität, kreatives und

soziales Engagement verbreiten, kann geistige Erneuerung, gesellschaftliche Reformen und den Weltfrieden
fördern." (8) Die Beispiele dafür reichen von Jesus bis zu
Adolf Kolping, Alfred Delp, Mutter Theresa, Schwester
Emmanuelle, Ruth Pfau und vielen anderen mehr.

Noch ein anderer Punkt, in dem Feuerbach irrt: Dass Gott
ein bloßes Spiegelbild menschlicher Wünsche darstelle,
wird schon in der Bibel gegenteilig beschrieben. Gerade
durch die Prophetengestalten des Alten Testaments wird
dem gläubigen Volk sowie den religiösen Führern eine
unerwartet harsche Strafpredigt zuteil, da sie meinen, im
Sinne Gottes zu leben. Als Beispiel für diese Sozialkritik
möchte ich nur den Propheten Amos (8. Jh. v. Chr.)
herausgreifen.

„Sie verkehren das Recht in Wermut (= bitteres Unrecht)
und treten die Gerechtigkeit mit Füßen; sie hassen den,
der im Tor (= vor Gericht) für das Recht eintritt, und
verabscheuen den, der die Wahrheit redet. Denn ich
weiß, eurer Freveltaten sind viele, und zahlreich sind eure
Sünden: sie vergewaltigen den Unschuldigen, nehmen
Bestechung an und beugen das Recht der Dürftigen im
Tor." (5,7.10.12)

„Darum, weil ihr den Geringen niedertretet und
Getreideabgaben von ihm erhebt: ihr mögt euch immerhin
Häuser aus Quadersteinen bauen, ihr sollt aber nicht
darin wohnen; herrliche Weinberge mögt ihr wohl
anlegen, ihr sollt aber keinen Wein von ihnen trinken.
Denn ich weiß, eurer Freveltaten sind viele, und zahlreich
sind eure Sünden: sie vergewaltigen den Unschuldigen,
nehmen Bestechung an und beugen das Recht der
Dürftigen im Tor." (5,11-12)

„Ich hasse (eure Neumonde), ich verschmähe eure Feste und mag eure Festversammlungen nicht riechen! Denn wenn ihr mir Brandopfer und eure Speisopfer darbringt, so habe ich kein Wohlgefallen daran, und die Dankopfer von euren Mastkälbern mag ich nicht ansehen! Hinweg von mir mit dem Getön deiner Lieder! Dein Harfenspiel mag ich nicht hören! Es möge lieber das Recht sprudeln wie ein Wasserquell und die Gerechtigkeit wie ein nie versiegender Bach!" (5,21-24)

„Höret dies, die ihr den Dürftigen gierig nachstellt und auf die Vernichtung der Notleidenden im Lande ausgeht! Die ihr sagt: ‚Wann ist der Neumond vorüber, damit wir wieder Getreide verhandeln? Und wann der Sabbat, damit wir die Kornspeicher wieder auftun können, (nämlich) um das Getreidemaß zu verkleinern und den Geldpreis zu erhöhen und die Waage betrügerisch zu fälschen, um die Armen für Geld und die Dürftigen für ein Paar Schuhe (als Sklaven) zu kaufen und auch den Abfall des Getreides zu verhandeln?'" (8,4-6)

Das ist kein Gott, der den Wünschen und dem Treiben seiner Geschöpfe entspricht. Dieser Gott stellt sich den ungerechten Tendenzen der Gesellschaft in den Weg. Er ist unbequem und stellt unliebsame Forderungen zum Wohl der Armen und Unterdrückten. Das ist das Gegenstück zu einer Projektion.

Feuerbach ging es letztlich weniger um die Existenz oder Nichtexistenz Gottes, vielmehr um die negativen Auswirkungen einer bestimmten Gottesvorstellung auf das Selbstverständnis des Menschen, der seine „göttlichen" Eigenkräfte durch einen falschen Glauben unbeachtet und ungenutzt lässt.

106

„Gott ist nicht außerhalb des Menschen. (...) Des Menschen wirkliches Wesen ist nicht außerhalb seiner selbst zu suchen und zu finden, sondern in ihm selbst, nämlich in den Kräften der Vernunft, des Willens und der Liebe, die sein wirkliches Wesen ausmachen." (9)

Unser zweiter Kronzeuge ist Karl Marx (1818-1883). Er baut auf Feuerbachs Religionskritik auf, teilt jedoch nicht dessen psychologische Analyse, sondern hat die gesellschaftlichen und ökonomischen Verhältnisse seiner Zeit vor Augen, die Verelendung und Ausbeutung der wachsenden „Arbeiterklasse" und die zunehmend ungerechte Aufteilung der gesellschaftlichen Besitzverhältnisse als Folge der rasanten Industrialisierung in der ersten Hälfte des 19. Jahrhunderts. Lassen wir ihn selber ausreichend zu Wort kommen:

„Für Deutschland ist die Kritik der Religion im wesentlichen beendigt, und die Kritik der Religion ist die Voraussetzung aller Kritik.

Die profane Existenz des Irrtums ist kompromittiert, nachdem seine himmlische oratio pro aris et focis [= Rede für Altäre und Herdstellen] widerlegt ist. Der Mensch, der in der phantastischen Wirklichkeit des Himmels, wo er einen Übermenschen suchte, nur den Widerschein seiner selbst gefunden hat, wird nicht mehr geneigt sein, nur den Schein seiner selbst, nur den Unmenschen zu finden, wo er seine wahre Wirklichkeit sucht und suchen muß.

Das Fundament der irreligiösen Kritik ist: Der Mensch macht die Religion, die Religion macht nicht den Menschen. Und zwar ist die Religion das Selbstbewußtsein und das Selbstgefühl des Menschen, der sich selbst entweder noch nicht erworben oder schon wieder verloren hat. Aber der Mensch, das ist kein abstraktes, außer der Welt hockendes Wesen. Der Mensch, das ist die Welt des Menschen, Staat, Sozietät. Dieser Staat, diese Sozietät produzieren die Religion, ein verkehrtes Weltbewußtsein, weil sie eine verkehrte Welt sind. Die Religion ist die allgemeine Theorie dieser Welt, ihr enzyklopädisches Kompendium, ihre Logik in populärer Form, ihr spiritualistischer Point d'honneur [= der Ehrenstandpunkt], ihr Enthusiasmus, ihre moralische Sanktion, ihre feierliche Ergänzung, ihr allgemeiner Trost- und Rechtfertigungsgrund. Sie ist die phantastische Verwirklichung des menschlichen Wesens, weil das menschliche Wesen keine wahre Wirklichkeit besitzt. Der Kampf gegen die Religion ist also mittelbar der Kampf gegen jene Welt, deren geistiges Aroma die Religion ist.

Das religiöse Elend ist in einem der Ausdruck des wirklichen Elendes und in einem die Protestation gegen das wirkliche Elend. Die Religion ist der Seufzer der bedrängten Kreatur, das Gemüt einer herzlosen Welt, wie sie der Geist geistloser Zustände ist. Sie ist das Opium des Volkes.

Die Aufhebung der Religion als des illusorischen Glücks des Volkes ist die Forderung seines wirklichen Glücks. Die Forderung, die Illusionen über seinen Zustand aufzugeben, ist die Forderung, einen Zustand aufzugeben, der der Illusionen bedarf. Die Kritik der Religion ist also im Keim die Kritik des Jammertales, dessen Heiligenschein die Religion ist.

Die Kritik hat die imaginären Blumen an der Kette zerpflückt, nicht damit der Mensch die phantasielose, trostlose Kette trage, sondern damit er die Kette abwerfe und die lebendige Blume breche. Die Kritik der Religion enttäuscht den Menschen, damit er denke, handle, seine Wirklichkeit gestalte wie ein enttäuschter, zu Verstand gekommener Mensch, damit er sich um sich selbst und damit um seine wirkliche Sonne bewege. Die Religion ist nur die illusorische Sonne, die sich um den Menschen bewegt, solange er sich nicht um sich selbst bewegt.

Es ist also die Aufgabe der Geschichte, nachdem das Jenseits der Wahrheit verschwunden ist, die Wahrheit des Diesseits zu etablieren. Es ist zunächst die Aufgabe der Philosophie, die im Dienste der Geschichte steht, nachdem die Heiligengestalt der menschlichen Selbstentfremdung entlarvt ist, die Selbstentfremdung in ihren unheiligen Gestalten zu entlarven. Die Kritik des Himmels verwandelt sich damit in die Kritik der Erde, die Kritik der Religion in die Kritik des Rechts, die Kritik der Theologie in die Kritik der Politik.

Die sozialen Prinzipien des Christentums haben jetzt achtzehnhundert Jahre Zeit gehabt, sich zu entwickeln, und bedürfen keiner ferneren Entwicklung durch preußische Konsistorialräte. Die sozialen Prinzipien des Christentums haben die antike Sklaverei gerechtfertigt, die mittelalterliche Leibeigenschaft verherrlicht und verstehen sich ebenfalls im Notfall dazu, die Unter-drückung des Proletariats, wenn auch mit etwas jämmerlicher Miene, zu verteidigen. Die sozialen Prinzipien des Christentums predigen die Notwendigkeit einer herrschenden und einer unterdrückten Klasse und haben für die letztere nur den frommen Wunsch, die erstere möge wohltätig sein. Die sozialen Prinzipien des Christentums setzen die konsistorialrätliche Ausglei-chung aller Infamien in den Himmel und rechtfertigen dadurch die Fortdauer dieser Infamien auf der Erde.

Die sozialen Prinzipien des Christentums erklären alle Niederträchtigkeiten der Unterdrücker gegen die Unterdrückten entweder für gerechte Strafe der Erbsünde und sonstigen Sünden oder für Prüfungen, die der Herr über die Erlösten nach seiner unendlichen Weisheit verhängt. Die sozialen Prinzipien des Christentums predigen die Feigheit, die Selbstverachtung, die Erniedrigung, die Unterwürfigkeit, die Demut, kurz alle Eigenschaften der Kanaille, und das Proletariat, das sich nicht als Kanaille behandeln lassen will, hat seinen Mut, sein Selbstgefühl, seinen Stolz und seinen Unabhängigkeitssinn noch viel nötiger als sein Brot. Die sozialen Prinzipien des Christentums sind duckmäuserig, und das Proletariat ist revolutionär." (10)

Ich weiß, seine Sprache ist gewöhnungsbedürftig. Aber mir ist wichtig, unsere Kritiker im Originalton zu Wort kommen zu lassen.

Marx schließt sich erkennbar Feuerbachs Idee der illusorischen Projektion an: Der Mensch macht die Religion – und folglich auch ein ihm gemäßes Gottesbild. Marx zielt mit seiner Kritik gar nicht speziell auf die christliche Gottesvorstellung, sondern generell auf das Phänomen Religion, die für ihn ein verkehrtes Bewusstsein darstellt, das aus einer verkehrten gesellschaftlichen Realität hervorgeht. Für Marx wird die irdische Realität nicht durch das Bewusstsein des Menschen geprägt, vielmehr ist das Bewusstsein ein Produkt der faktischen gesellschaftlichen Verhältnisse. Der Mensch entwirft sich also die Religion als tröstendes Kontrastbild zum diesseitigen Elend. Die Religion ist damit zwar im Kern auch ein ansatzweiser Protest gegen die Unerträglichkeiten in dieser Welt, nur bleibt für Marx dieser Protest „wirkungslos und ohnmächtig: weil die Religion von dieser diesseitigen Welt und ihrer Veränderung auf ein Jenseits ablenkt und vertröstet. So wirkt die Religion eben schließlich doch als Beruhigungs- und Betäubungsmittel, das illusorisches statt wirkliches Glück verschafft: Sie ist das Opium des Volks" (11). Aufgrund seiner verkehrten Orientierung an den Inhalten der Religion, lebt der Mensch geistig in einem trügerischen Konstrukt, das zu seiner Selbstentfremdung geführt hat. Er ist nicht, der er sein könnte. Und die Welt würde anders aussehen, wenn er dieses falsche Bewusstsein ablegen würde. Um die Quelle des Übels, die Religion zu überwinden, müssen folglich die realen gesellschaftlichen Strukturen, die Arbeits- und Besitzverhältnisse radikal verändert werden, denn erst, „wenn die Selbstbefreiung des Menschen in seinen sämtlichen gesellschaftlichen Beziehungen an ihr Ziel" gelangt ist, dann „wird der Religion einfach der Boden entzogen sein, und sie wird ohne weitere Bestreitung verschwinden" (12). Das Ziel ist also erreicht, wenn der Mensch keiner Illusionen wie der Religion mehr bedarf. Die religiöse Entfremdung, die den Menschen auf ein besseres Jenseits vertröste, statt ihn zur aktiven Gestaltung einer menschenwürdigen und gerechten Gesellschaft anleite, drückt sich für Marx unübersehbar in der ökonomischen Entfremdung des Menschen in der neuen Industriegesellschaft aus: „Weil infolge der Arbeitsteilung die Produktionsmittel (samt den Produkten) zum Privateigentum einzelner geworden sind, haben die Arbeiter im modernen industrialisierten und technisierten Produktionsprozeß nichts als ihre nackte Arbeitskraft als >Ware< anzubieten. Dafür erhalten sie als Preis, als

Gegenleistung, ihren Lohn. Aber – und das ist entscheidend – gerade nicht den vollen Lohn, den das Arbeitsprodukt nachher im Tausch auf dem Markt wert ist. Die Besitzer der Produktionsmittel schöpfen nämlich den >Mehrwert< …ab, so daß sich ihr Kapital auf Kosten der eigentlichen Produzenten, der Arbeiter, ständig vermehrt. >Kapital< als Geld hervorbringendes Geld wird so zum Charakteristikum des >kapitalistischen< Wirtschafts- und Gesellschaftssystems. Für die Lohnarbeiter aber wird im Tauschprozeß ihr eigenes Arbeitsprodukt zu einer entfremdeten, vermarkteten >Ware<: zu etwas von ihnen Getrenntem, Verselbständigtem, Austauschbarem, mysteriös Mehr- und Höherwertigem, ja geradezu zu einer Art sinnlich-übersinnlichem >Fetisch< (religiös gesehen ein Gegenstand, der als Sitz höherer Kräfte gedacht und verehrt wird). Und gleichen etwa diese Verhältnisse nicht denen in der >Nebelregion der religiösen Welt<?" (13) – An dieser Stelle dürfte sich die bleibende Aktualität von Marx in seiner Analyse der Arbeitswelt zeigen.

Nun, wieweit haben sich die Forderungen von Marx zur Aufhebung der Religion als tragfähig erwiesen: Die Abschaffung des Privateigentums und die Sozialisierung von Industrie, Landwirtschaft, Erziehung und Kultur? Seine gesellschaftliche Utopie wurde im 20. Jahrhundert zur bestimmenden Grundlage realer Politik in zahlreichen

Ländern (Sowjetunion, China, Nordkorea, DDR, Kuba u.a.), doch weder führte das zum Verschwinden der Religion, noch wurden die prognostizierten paradiesischen Zustände in den genannten Staaten erreicht. Eher mündete der Versuch in diktatorischen Strukturen mit Ausbeutung und Unterdrückung, die leider bis in unsere Tage andauern.

Bei aller prinzipiellen Zustimmung zu seinen Diagnosen über die sozialen Missstände seiner Zeit, die schließlich zu einer ganzen Reihe von positiven sozialpolitischen Verbesserungen geführt haben, bleibt seine Religionskritik einseitig und bekämpft eher Zerrbilder des Christentums. Wie schon bei Feuerbach gilt auch hier der Hinweis auf die biblische Tradition, die im Eintreten für Gerechtigkeit, Frieden und Menschenwürde ein anderes Konzept von Religion vertritt als Marx unterstellt.

In der von Marx angezielten religionsfreien Welt dreht sich alles um den Menschen, der alle Lebensprozesse unter bewusster und planmäßiger Kontrolle hat. Das ist jedoch seinerseits eine illusorische, weil unrealistische Perspektive, denn „wenn die Menschen ihre Wirklichkeit schlechthin als ihr eigenes Produkt ansehen wollen, das ihnen voll verfügbar ist, müssen sie auch annehmen, daß grundsätzlich alle Störungen von ihnen selbst behoben werden können. Schuld kann dann nur erfahren werden als ein Versagen, das wiedergutgemacht wird und damit aus der Welt ist. Die schmerzlichen Erfahrungen, daß es auch Versäumtes gibt, das nicht mehr nachzuholen ist, müssen so verdrängt werden. (…) Erst recht ist für die Erfahrungen von Verantwortung und Ausweglosigkeit, die mit dem Begriff >Tragik< angesprochen werden, in der Vorstellung einer schlechthin verfügbaren Welt kein Platz" (14).

Dennoch: Sowohl zu Feuerbach als auch zur Religions- und Christentumskritik von Marx gibt es kein zurück. Beide haben berechtigte Mängel und Missstände vor allem an der kirchlichen Gestalt des christlichen Glaubens ihrer Zeit aufgedeckt, die zu nachhaltigen Veränderungen in der Glaubensreflexion und der religiösen Praxis beige- tragen haben. Es muss sogar selbstkritisch eingeräumt werden: „Der Gottesglaube war und ist gewiß oft autoritär, tyrannisch und reaktionär. Er kann Angst, Unreife, Engstirnigkeit, Intoleranz, Ungerechtigkeit, Frustration und soziale Abstinenz produzieren, kann geradezu Unmoral, gesellschaftliche Mißstände und Kriege in einem Volk oder zwischen Völkern legitimieren und inspirieren" (15) Aber, so gibt Hans Küng weiter zu bedenken, „jetzt hat sich von Osteuropa und der DDR über Südafrika bis nach Südamerika und den Philippinen gezeigt, daß Religion nicht nur Mittel der sozialen Beschwichtigung und Vertröstung sein kann, sondern auch – so schon in der nordamerikanischen Bürgerrechtsbewegung – Katalysator der sozialen Befreiung: und dies ohne jene revolutionäre Gewaltanwendung, die einen Teufelskreis von immer neuer Gewalt zur Folge hat" (16).

Soweit zu Karl Marx.

Unser dritter Wortführer gegen die Religion und den Gottesglauben ist Friedrich Nietzsche (1844-1900). Er ist wohl der konsequenteste und sprachmächtigste Vertreter der neuzeitlichen Atheisten. Für ihn ist die Religion, speziell die christliche, seit Jahrhunderten durch den Einfluss der Wissenschaften und die Breitenwirkung der philosophischen Aufklärung auf dem Weg in die Bedeutungslosigkeit. Die religiöse Weltsicht hat ihre Glaubwürdigkeit endgültig verloren und braucht nur noch einen letzten Todesstoß, zu dem Nietzsche nun ansetzt. Lassen wir ihn das mit zwei Zitaten aus seinen Werken selber beschreiben:

„Habt ihr nicht von jenem tollen Menschen gehört, der am hellen Vormittage eine Laterne anzündete, auf den Markt lief und unaufhörlich schrie: »Ich suche Gott! Ich suche Gott!« – Da dort gerade viele von denen zusammenstanden, welche nicht an Gott glaubten, so erregte er ein großes Gelächter. Ist er denn verlorengegangen? sagte der eine. Hat er sich verlaufen wie ein Kind? sagte der andere. Oder hält er sich versteckt? Fürchtet er sich vor uns? Ist er zu Schiff gegangen? ausgewandert? – so schrien und lachten sie durcheinander. Der tolle Mensch sprang mitten unter sie und durchbohrte sie mit seinen Blicken. »Wohin ist Gott?« rief er, »ich will es euch sagen!

Wir haben ihn getötet – ihr und ich! Wir alle sind seine Mörder! Aber wie haben wir dies gemacht? Wie vermochten wir das Meer auszutrinken? Wer gab uns den Schwamm, um den ganzen Horizont wegzuwischen? Was taten wir, als wir diese Erde von ihrer Sonne losketteten? Wohin bewegt sie sich nun? Wohin bewegen wir uns? Fort von allen Sonnen? Stürzen wir nicht fortwährend? Und rückwärts, seitwärts, vorwärts, nach allen Seiten? Gibt es noch ein Oben und ein Unten? Irren wir nicht wie durch ein unendliches Nichts? Haucht uns nicht der leere Raum an? Ist es nicht kälter geworden? Kommt nicht immerfort die Nacht und mehr Nacht? Müssen nicht Laternen am Vormittage angezündet werden? Hören wir noch nichts von dem Lärm der Totengräber, welche Gott begraben? Riechen wir noch nichts von der göttlichen Verwesung? – auch Götter verwesen! Gott ist tot! Gott bleibt tot! Und wir haben ihn getötet! Wie trösten wir uns, die Mörder aller Mörder? Das Heiligste und Mächtigste, was die Welt bisher besaß, es ist unter unsern Messern verblutet – wer wischt dies Blut von uns ab? Mit welchem Wasser könnten wir uns reinigen? Welche Sühnefeiern, welche heiligen Spiele werden wir erfinden müssen? Ist nicht die Größe dieser Tat zu groß für uns? Müssen wir nicht selber zu Göttern werden, um nur ihrer würdig zu erscheinen? Es gab nie eine größere Tat – und wer nur immer nach uns geboren wird, gehört um dieser Tat willen in eine höhere Geschichte, als alle Geschichte bisher war!« – Hier schwieg der tolle Mensch und sah wieder seine Zuhörer an: auch sie schwiegen und blickten befremdet auf ihn. Endlich warf er seine Laterne auf den Boden, daß sie in Stücke sprang und erlosch. »Ich komme zu früh«, sagte er dann, »ich bin noch nicht an der Zeit. Dies ungeheure Ereignis ist noch unterwegs und wandert – es ist noch nicht bis zu den Ohren der Menschen gedrungen. Blitz und Donner brauchen Zeit, das Licht der Gestirne braucht Zeit, Taten brauchen Zeit, auch nachdem sie getan sind, um gesehn und gehört zu werden. Diese Tat ist ihnen immer noch ferner als die fernsten Gestirne – und doch haben sie dieselbe getan!« – Man erzählt noch, daß der tolle Mensch desselbigen Tages in verschiedene Kirchen eingedrungen sei und darin sein Requiem aeternam deo angestimmt habe. Hinausgeführt und zur Rede gesetzt, habe er immer nur dies entgegnet: »Was sind denn diese Kirchen noch, wenn sie nicht die Grüfte und Grabmäler Gottes sind?“ (17).

„Ich lehre euch den Übermenschen. Der Mensch ist etwas, das überwunden werden soll. Was habt ihr getan, ihn zu überwinden? Alle Wesen bisher schufen etwas über sich hinaus: und ihr wollt die Ebbe dieser großen Flut sein und lieber noch zum Tiere zurückgehn, als den Menschen überwinden? Was ist der Affe für den Menschen? Ein Gelächter oder eine schmerzliche Scham. Und ebendas soll der Mensch für den Übermenschen sein: ein Gelächter oder eine schmerzliche Scham. Ihr habt den Weg vom Wurme zum Menschen gemacht, und vieles ist in euch noch Wurm. Einst wart ihr Affen, und auch jetzt noch ist der Mensch mehr Affe, als irgendein Affe. Wer aber der Weiseste von euch ist, der ist auch nur ein Zwiespalt und Zwitter von Pflanze und von Gespenst. Aber heiße ich euch zu Gespenstern oder Pflanzen werden? Seht, ich lehre euch den Übermenschen! Der Übermensch ist der Sinn der Erde. Euer Wille sage: der Übermensch sei der Sinn der Erde! Ich beschwöre euch, meine Brüder, bleibt der Erde treu und glaubt denen nicht, welche euch von überirdischen Hoffnungen reden! Giftmischer sind es, ob sie es wissen oder nicht. Verächter des Lebens sind es, Absterbende und selber Vergiftete, deren die Erde müde ist: so mögen sie dahinfahren! Einst war der Frevel an Gott der größte Frevel, aber Gott starb, und damit starben auch diese Frevelhaften. An der Erde zu freveln ist jetzt das Furchtbarste und die Eingeweide des Unerforschlichen höher zu achten, als den Sinn der Erde!“ (18).

Es sind wuchtige und pathetische Bilder, die Nietzsche uns vor Augen stellt. Es gibt keinen Gott, es hat nie einen gegeben. Und die Illusion von der Existenz einer jenseitigen Welt und eines überweltlichen Gottes ist spätestens seit Feuerbach als solche entlarvt. Jetzt gilt es ernsthaft aufzuräumen mit dem irreführenden Gottesglauben und seinen fatalen Auswirkungen auf die Weltsicht und das menschliche Selbstverständnis. Die Religion habe dem Menschen vorgegaukelt, es gäbe eine andere Wirklichkeit, die Sinn und Ziel des irdischen Daseins sei. Aber der Mensch ist allein in seiner Welt und muss selber sehen, wie er in diesem Leben zurechtkommt. Für Nietzsche ist das, was wir Wirklichkeit nennen, keineswegs vorgegeben, sondern kommt erst durch uns zustande. „Wir haben nichts in Händen, das nicht schon durch uns geformt ist; wir bekommen nichts zu Gesicht, das nicht schon unser Blick ausgefiltert hat; wir begreifen nichts, das wir nicht schon für unser Verständnis zubereitet hätten." (19)

Die Erkenntnismöglichkeiten des Menschen sind recht begrenzt und erlauben keinen Zugriff auf ein Jenseits dieser Welt. Die reale Welt ist ein Konstrukt des Menschen, der sich dieser Rolle und Bedeutung nun bewusst werden soll. Mehr noch: der Mensch muss überwunden werden, damit der „Übermensch" lebe. Das betrifft auch die Moral, die bisher durch die christliche Tradition auferlegt wurde und die ureigendsten Lebensimpulse unterdrückt hat, denn der gepredigte Gott „duldet nur schwache, hässliche und rückgratlose Kreaturen um sich herum, der starke, schöne und aufrechte Mensch ist ihm ein Greuel". Der Übermensch ist ein Mensch mit starkem Lebenswillen, einem „Willen zur Macht". Sein einziges Gebot lautet „Werdet hart!". Die jüdisch-christliche Ethik wird ersetzt durch eine Ethik der Härte: Was stark macht ist gut, was schwach macht ist böse. Es war nach Nietzsches Meinung „ein nicht wieder gutzu-machendes Unglück für die Menschheit, daß 2000 Jahre lang die Kranken die Gesunden, die Triebschwachen die Triebstarken, die Häßlichen die Schönen und die Rückgratlosen die Stolzen unterdrücken konnten" (20).

Aber, so fragt Hans Küng, „kann Schwäche denn nur durch Härte überwunden werden? Gibt es da keine Zwischentöne, Abstufungen, Mitte? Ist Mitleid, Güte, Barmherzigkeit, Schonung, Mitmenschlichkeit, Liebe etwas, was nur als Schwachheit denunziert werden darf? Gibt es denn nicht auch eine Barmherzigkeit aus der Stärke, ein Mitleid aus der Fülle, eine Güte aus der Größe eines Menschen heraus?" (21).

Nietzsches Vision vom Übermenschen, der den Platz Gottes einnimmt, endlich alles scheinbar negative und hemmende der menschlichen Natur überwindet, sich quasi unbegrenzt optimiert, entfaltete eine Faszination, die später gerne von den Nationalsozialisten für ihre Ideologie aufgegriffen wurde, für die die arische Rasse mit allem Recht auf eine Vorherrschaft über andere Völker bestehen durfte und zur rassischen Reinerhaltung

Kranke und Behinderte gezielt „aussortierte", weil der Stärkere eben alles Recht auf seiner Seite habe. Das Motiv der Selbstoptimierung findet im 21. Jahrhundert reichlich neue Möglichkeiten, von der Gentechnik und der operativen Verschönerung bis hin zur Künstlichen Intelligenz und der Verschmelzung von Mensch und Maschine.

Der „tolle Mensch" ist ja offenbar selber erschrocken über das Ausmaß der mörderischen Tat, die dem Menschen jegliche Orientierung nimmt und ihn ins Bodenlose stürzen lässt. „Der gestorbene Gott", erläutert Eugen Drewermann (*1940), „zeigt uns eine unmenschliche und entmenschte Welt, aus der wir überhaupt erst wieder aufwachen, wenn wir begreifen, dass die Gottesferne ein einziger Selbstbetrug ist. Wir müssen nicht sein wie Gott, und wir werden niemals sein wie Gott. Wir glauben an Gott, damit wir sein dürfen als Menschen, die in dieser Welt sich als humane Wesen beibehalten und zu ihrem Menschsein sich entwickeln dürfen" (22).

Der vierte Fürsprecher für einen modernen Atheismus ist Sigmund Freud (1856-1939). Der Entdecker des Unbewussten und Begründer der Psychoanalyse ist von der Religionskritik Feuerbachs beeindruckt und will dessen Idee der Projektion der Gottesvorstellung nun psychologisch untermauern. Lassen wir ihn vorab wieder selber seinen Standpunkt darlegen:

„Welches ist also die psychologische Bedeutung der religiösen Vorstellungen? Als was können wir sie klassifizieren? . . . Es sind Lehrsätze, Aussagen über Tatsachen und Verhältnisse der äußeren (oder inneren) Realität, die etwas mitteilen, was man selbst nicht gefunden hat, und die beanspruchen, dass man ihnen Glauben schenkt . . .

Wenn wir die Frage aufwerfen, worauf sich ihr Anspruch gründet, geglaubt zu werden, erhalten wir drei Antworten, die merkwürdig schlecht zusammenstimmen. Erstens, sie verdienen Glauben, weil schon unsere Urväter sie geglaubt haben, zweitens besitzen wir Beweise, die uns aus eben dieser Vorzeit überliefert sind, und drittens ist es überhaupt verboten, die Frage nach dieser Beglaubigung aufzuwerfen . . .

Es hilft nicht viel, wenn für ihren Wortlaut (gemeint sind die Schriften, in denen die Beweise niedergelegt sind) oder auch nur für ihren Inhalt die Herkunft von göttlicher Offenbarung behauptet wird, denn diese Behauptung ist bereits selbst ein Stück jener Lehren, die auf ihre Glaubwürdigkeit untersucht werden sollen, und kein Satz kann sich doch selbst beweisen. So kommen wir zu dem sonderbaren Ergebnis, dass gerade diejenigen Mitteilungen unseres Kulturbesitzes, die die größte Bedeutung für uns haben könnten, denen die Aufgabe zugeteilt ist, uns die Rätsel der Welt aufzuklären und uns mit den Leiden des Lebens zu versöhnen, dass gerade sie die allerschwächste Beglaubigung haben ...

Man muss fragen, worin besteht die innere Kraft dieser Lehren, welchem Umstand verdanken sie ihre von der vernünftigen Anerkennung unabhängige Wirksamkeit? Ich meine, wir haben die Antwort auf beide Fragen genügend vorbereitet. Sie ergibt sich, wenn wir die psychische Genese der religiösen Vorstellungen ins Auge fassen. Diese, die sich als Lehrsätze ausgeben, sind nicht Niederschläge der Erfahrung oder Endresultate des Denkens, es sind Illusionen, Erfüllungen der ältesten, stärksten, dringendsten Wünsche der Menschheit; das Geheimnis ihrer Stärke ist die Stärke ihrer Wünsche . . .

Wenn ich sage, das alles sind Illusionen, muss ich die Bedeutung des Wortes abgrenzen. Eine Illusion ist nicht dasselbe wie ein Irrtum, sie ist auch nicht notwendig ein Irrtum. Die Meinung des Aristoteles, dass sich Ungeziefer aus Unrat entwickle, an der das unwissende Volk noch heute festhält, war ein Irrtum ... Dagegen war es eine Illusion des Kolumbus, dass er einen neuen Seeweg nach Indien entdeckt habe. Der Anteil seines Wunsches an diesem Irrtum ist sehr deutlich. Als Illusion kann man die Behauptung gewisser Nationalisten bezeichnen, die Indogermanen seien die einzige kulturfähige Menschenrasse, oder den Glauben, den erst die Psychoanalyse zerstört hat, das Kind sei ein Wesen ohne Sexualität. Für die Illusion bleibt charakteristisch die Ableitung aus menschlichen Wünschen, sie nähert sich in dieser Hinsicht der psychiatrischen Wahnidee, aber sie scheidet sich, abgesehen von dem komplizierteren Aufbau der Wahnidee, auch von dieser. An der Wahnidee heben wir als wesentlich den Widerspruch gegen die Wirklichkeit hervor, die Illusion muss nicht notwendig falsch, d. h. unrealisierbar oder im Widerspruch gegen die Realität sein . . .

Wir heißen also einen Glauben Illusion, wenn sich in seiner Motivierung die Wunscherfüllung vordrängt, und sehen dabei von seinem Verhältnis zur Wirklichkeit ab, ebenso wie die Illusion selbst auf ihre Beglaubigungen verzichtet ... Es liegt nicht im Plane dieser Untersuchung, zum Wahrheitswert der religiösen Lehren Stellung zu nehmen. Es genügt uns, sie in ihrer psychologischen Natur als Illusionen erkannt zu haben." (23)

„Die Psychoanalyse hat uns den intimen Zusammenhang zwischen dem Vaterkomplex und der Gottesgläubigkeit kennen gelehrt, hat uns gezeigt, dass der persönliche

Gott psychologisch nichts anderes ist als ein erhöhter Vater, und führt uns täglich vor Augen, wie jugendliche Personen den religiösen Glauben verlieren, sobald die Autorität des Vaters bei ihnen zusammenbricht. Im Elternkomplex erkennen wir so die Wurzel des religiösen Bedürfnisses; der allmächtige, gerechte Gott und die gütige Natur erscheinen uns als großartige Sublimierungen [= Verfeinerung, Steigerung ins Erhabene] von Vater und Mutter, vielmehr als Erneuerungen und Wiederherstellungen der frühkindlichen Vorstellungen von beiden. Die Religiosität führt sich biologisch auf die lang anhaltende Hilflosigkeit und Hilfsbedürftigkeit des kleinen Menschenkindes zurück, welches, wenn es später seine wirkliche Verlassenheit und Schwäche gegen die großen Mächte des Lebens erkannt hat, seine Lage ähnlich wie in der Kindheit empfindet und deren Trostlosigkeit durch die regressive Erneuerung der infantilen Schutzmächte zu verleugnen sucht. Der Schutz gegen neurotische Erkrankung, den die Religion ihren Gläubigen gewährt, erklärt sich leicht daraus, dass sie ihnen den Elternkomplex abnimmt, an dem das Schuldbewusstsein des einzelnen wie der ganzen Menschheit hängt, und ihn für sie erledigt, während der Ungläubige mit dieser Aufgabe allein fertig werden muss." (24)

Kurzgefasst lautet seine Theorie über die Religion also:

1. Wir glauben an Gott, weil alle unsere Vorfahren an Gott geglaubt haben. Die dauerhafte Tradition ist selber Beweis genug. Es verbietet sich, das in Zweifel zu ziehen.

2. Religiöse Vorstellungen haben ihren Ursprung in der Kindheit und sind eben als kindliche Illusionen zu entlarven. Sie haben uralte religionsgeschichtliche Wurzeln:

Der Mensch leidet unter den Schädigungen, die Natur und Schicksal ihm zufügen (z.B. Naturkatastrophen, Krankheit, Behinderungen, Tod). Diese Schicksalsmächte personifiziert der Mensch in den Göttern; ihnen spricht er menschliche Züge zu, sodass er durch Gebete und Opfer auf sie Einfluss nehmen kann. Damit werden sie kalkulierbar. Die jüdisch-christliche Tradition vereint alle Züge des Göttlichen in einer überdimensionalen Vatergestalt. Die Verehrung Gottes erlebt der Mensch als seelische Entlastung, zugleich hindert sie den Menschen aber daran, erwachsen und von diesem Über-Vater-Gott unabhängig zu werden. Solange dies nicht geschehen ist, kann er immer Gott als übernatürliche Instanz für sein Schicksal verantwortlich machen oder um Hilfe anflehen. Das Ideal Freuds ist der erwachsene Mensch, der für sein Leben allein einsteht, ohne göttlichen Beistand. Er muss zu der illusionslosen Sicht finden, dass es keinen Halt und keine Sicherheit in der Welt außerhalb menschlicher Verantwortung gibt. (25)

Das genannte Deutungsmuster der Religionsgeschichte erkennt Freud in jeder individuellen Lebensgeschichte wieder, da die Kindheit des Einzelnen ein Abbild der Kindheit der Menschheit darstellt. Religion entstand aus „den ältesten, stärksten, dringendsten Wünschen der Menschheit: Religion ist Wunschdenken, Illusion! Illusion heißt: Religion ist jedenfalls nicht bewußte Lüge im

moralischen Sinn und auch nicht …Irrtum im erkenntnis-
theoretischen Sinn; Religion ist nicht notwendig illuso-
risch im Sinn von unrealistisch oder im Widerspruch mit
der Realität. Illusion, das ist für sie charakteristisch, ist
von dem Bedürfnis Wunscherfüllung motiviert, also ein
Produkt des Sinnlich-Triebhaften, das zu seiner Ent-
zifferung der angewandten psychologischen Entschlüss-
elungstechnik bedarf" (26). Religion und Gottesglaube
sind für Freud eine Art pubertäre Übergangsphase, für die
Menschheit wie für den Einzelnen.

Dieses Entwicklungs-Schema der Religion ist allerdings
mehr eine Projektion Freuds, denn die von ihm angenommenen Ursprünge der Religion sind keineswegs
bewiesen, ihre historischen Anfänge bleiben weithin im
Dunkel der Geschichte.

Das Problem ist letztlich nicht eine psychologische
Erklärung des Gottesglaubens, denn unter dieser
Perspektive zeigt der Gottesglaube immer auch
Strukturen und Inhalte einer Projektion auf oder könnte
gar als reine Projektion verdächtigt werden. Hans Küng
erklärt das mit einem Vergleich, der uns in ähnlicher Form
schon bei der Kritik an Feuerbach begegnet ist: „Auch
jeder Liebende projiziert notwendig sein eigenes Bild auf
seine Geliebte. Aber heißt das, dass seine Geliebte nicht
existiert oder nicht doch wesentlich so existiert, wie er sie
sieht und sich denkt? Kann er sie mit seinen Projektionen

nicht vielleicht sogar tiefer erfassen als der, der sie als neutraler Beobachter von außen zu beurteilen versucht? Das Faktum der Projektion also entscheidet nicht über Existenz oder Nicht-Existenz des Objekts, auf das sie sich bezieht" (27).

Der Atheismus, den Freud aus seiner psychologischen Theorie ableitet, erweist sich daher selber als eine Hypothese, eine unbewiesene Behauptung. Dass der Atheismus nicht zwangsläufig eine Folge der Psychoanalyse ist, hat Freud seinerseits gesehen und immer wieder betont.

Wenn seine psychologische Analyse auch den Gottesglauben nicht wirklich zu widerlegen vermag, so ist es dennoch Freuds Verdienst, auf eine Reihe von Fehlformen der Religion hingewiesen zu haben. Er kritisiert vor allem das traditionelle Gottesbild, denn vielfach entspringt das Gottesbild eines Gläubigen nicht einer vernünftigen Einsicht und einer freien Entscheidung, sondern einem vorgeprägten strafenden oder gütigen Vaterbild. Religion wird dann zu einer infantilen und wirklichkeitsblinden Rückbindung an ein tyrannisches Über-Ich, zu einer Rückwendung zum naiven kindlichen Wünschen. Und wo Religion sich in starrer Buchstabentreue, in einem reinen Paragraphengewissen, in pedantisch-kleinlicher Wiederholung bestimmter Gebete, Formeln und Rituale präsentiert, „geraten religiöse

Vorstellungen in die Nähe von Wahnbildungen, religiöse Verrichtungen in die Nähe von Ersatzbefriedigung durch kultischen Wiederholungszwang" (28). Solche Glaubensstrukturen begünstigen umgekehrt den psychologischen Machtmissbrauch der Kirchen als auch den erzieherischen Missbrauch des Gottesglaubens in der Familie zur frommen Disziplinierung der Kinder. Wir sprachen davon schon im Zusammenhang fragwürdiger Gottesbilder.

Was bleibt nun am Ende unseres kurzen Erkundungsgangs bei den bekanntesten Vertretern des neuzeitlichen Atheismus? So begrenzt auch die zitierende Darstellung und Diskussion ihrer Positionen in diesem Rahmen bleiben musste, so hoffe ich doch, dass in groben Zügen deutlich werden konnte:

Die Religionskritiker der Neuzeit treten auf mit einem Anspruch der Emanzipation: Sie wollen den Menschen befreien aus der religiösen Fremdbestimmung, die ihn in einem naiv-unkritischen Denken und Glauben, in einem falschen Bewusstsein über sich selbst und die Welt gefangen hält, das auf irrigen Annahmen beruht bzw. selber den Charakter einer Illusion besitzt. Die Menschen sollen aufwachen aus diesem realitätsfernen Traum, dieser betäubenden Orientierung am Heil in einer anderen Welt. Sie sollen sich ernsthaft und konkret am

Diesseits festmachen, ihr Leben selber in die Hand nehmen und verantwortlich aus eigener Einsicht handeln.

Das ist nicht nur ein ehrenwertes Anliegen, der kritische Blick auf die Kirche und Theologie ihrer Zeit hat den Finger in die Wunde eines zunehmend unglaubwürdigen Christentums gelegt, das sich nur unzureichend den gewandelten Verhältnissen in der Gesellschaft und den kritischen Anfragen durch die Naturwissenschaften, etwa Darwins Evolutionstheorie, gestellt hat. Feuerbach, Marx, Nietzsche und Freud – und das gilt auch für viele andere Kritiker – haben der christlichen Theologie daher letztlich einen wichtigen Dienst erwiesen. Sie haben das religiöse Denken radikal herausgefordert, über die Gründe für den Glauben, das christliche Gottesverständnis, die Auslegung biblischer Texte und die Inhalte der kirchlichen Verkündigung grundlegend neu nachzudenken, um auf diese Infragestellungen argumentativ und plausibel antworten zu können. Hinter die Kritik unserer vier Kronzeugen gibt es kein zurück!

Die christliche Theologie unserer Tage hat aus diesen Kritiken gelernt und ist weit entfernt von ihrem dogmatischen Selbstverständnis des 19. Jahrhunderts. Sie ist ihrer Aufgabe gemäß zu einer kritischen Begleiterin des Glaubens in Theorie und Praxis geworden, will und muss sich selber als kritische Instanz zeigen, z. B. gegenüber fundamentalistischen Lesarten der Bibel, ungerechtfertigten Machtansprüchen der kirchlichen Institution oder theologisch fragwürdigen Inhalten religiöser Erziehung. Viele der damaligen Angriffspunkte auf Seiten der Religion und des Gottesglaubens sind gegenstandslos geworden, dennoch gibt die Frage nach Gott weiterhin zu denken – und zu zweifeln.

7. Der Eine und die Vielen

An Gott zu glauben und einer religiösen Gemeinschaft anzugehören findet spätestens seit dem 20. Jahrhundert in einem interreligiösen Kontext statt. Menschen mit verschiedenen kulturellen Wurzeln und religiösen Überzeugungen begegnen sich heute am Arbeitsplatz, in der Nachbarschaft, auf der Straße, in Schule und Kindergarten. Dabei treffen nicht nur konkrete Menschen aufeinander, sondern auch Unkenntnis, Klischees und Vorurteile über den Fremden und seine andere Weltanschauung, den anderen Lebensstil, andere Feste, Sitten und Gebräuche. Das Fehlen von Respekt und Toleranz führt dann mitunter zu Spannungen und Konflikten. Das Anderssein des Fremden wird zu einer echten Herausforderung für das friedliche Miteinander und das Verstehen der je eigenen kulturellen und religiösen Identität. Die notwendige Bereitschaft zu Austausch und Verständigung ist nicht nur „vor Ort" gefordert, sondern gilt ebenso für den akademischen und institutionellen Dialog zwischen den Kirchen und Religionsgemeinschaften. Denn es gibt keinen Frieden unter den Nationen ohne einen Frieden unter den Religionen, und keinen Frieden unter den Religionen ohne Dialog zwischen den Religionen, wie Hans Küng mit seinem „Projekt Weltethos" betonte. (1)

Ein erster großer Schritt auf dem Weg zu einem inter-religiösen Dialog war das „Parlament der Weltreligionen" 1893 in Chikago mit rund 4000 Teilnehmern. Nach 100 Jahren wurde dort dieses Treffen wiederholt mit einer weltweit vielbeachteten gemeinsamen Erklärung (2). Inzwischen finden diese internationalen Konferenzen in kürzeren Abständen statt, zuletzt 2018 in Toronto. Auf nationaler und lokaler Ebene gibt es derzeit eine Vielzahl von Initiativen, Vereinen, Verbänden und Arbeitsge-meinschaften, die sich um den religiösen Austausch bemühen, insbesondere den christlich-jüdischen und den christlich-islamischen Dialog.

Bei der Begegnung „mit anderen Religionen bzw. deren Wahrheits- und Heilsansprüchen stellt sich jeder Religion die Doppelfrage: Erstens: Wie versteht sie sich selbst angesichts der anderen Religion(en)? Zweitens: Wie versteht sie die andere(n) Religion(en) im Licht ihres eigenen Selbstverständnisses?" (3). Wie ein wirklicher Dialog zwischen den Religionen, bei dem sich nunmal konkrete Menschen und nicht abstrakte Institutionen miteinander zu verständigen versuchen, praktisch vorgehen sollte, damit er allseits Früchte tragen kann, hat Leonard Swidler (*1929) einige Regeln formuliert:

Erste Regel: Der primäre Zweck des Dialoges ist zu lernen, das heißt, sich zu verändern und zu wachsen in der Wahrnehmung und in dem Verstehen von Wirklichkeit – und als Konsequenz demgemäß zu handeln.

Zweite Regel: Der interreligiöse und interideologische Dialog muss als zweiseitiges Projekt unternommen werden – innerhalb jeder religiösen oder ideologischen Gemeinschaft selbst und zwischen den religiösen oder ideologischen Gemeinschaften.

Dritte Regel: Jeder Teilnehmer muss den Dialog mit völliger Ehrlichkeit und Aufrichtigkeit beginnen. Das gilt auch umgekehrt: Jeder Teilnehmer muss völlige Ehrlichkeit und Aufrichtigkeit in seinen Partnern voraussetzen.

Vierte Regel: Im interreligiösen, interideologischen Dialog sollten wir nicht unsere Ideale mit der Praxis unserer Partner vergleichen, sondern unsere Ideale mit den Idealen unserer Partner, unsere Praxis mit der Praxis unserer Partner.

Fünfte Regel: Jeder Teilnehmer muss seine Position selbst erläutern und klar umreißen. Umgekehrt: Der/die von außen her Interpretierte muss in der Lage sein, sich selbst in der Interpretation wieder zu erkennen.

Sechste Regel: Jeder Teilnehmer muss den Dialog ohne unveränderliche Annahmen beginnen, was Meinungsverschiedenheiten betrifft.

Siebente Regel: Dialog kann nur zwischen Gleichgestellten stattfinden. Es gibt keine Einbahnstraßen-Dialoge.

Achte Regel: Dialog kann nur auf der Basis gegenseitigen Vertrauens stattfinden.

Neunte Regel: Der Teilnehmer eines interreligiösen oder interideologischen Dialoges muss zumindest ein Minimum an Selbstkritik und Kritik an der eigenen religiösen oder ideologischen Tradition besitzen.

Zehnte Regel: Jeder Teilnehmer muss schließlich versuchen, die Religion oder Ideologie des anderen von »innen heraus« zu erfahren, denn eine Religion ist nicht nur eine Angelegenheit des Kopfes. (4)

Diese zehn Regeln signalisieren schon den besonderen Anspruch an jeden Beteiligten, der das Gespräch idealerweise am Ende mit besserem Wissen und einem anderen

Bewusstsein verlassen soll, über den eigenen und den fremden Glauben. Das alles aber verlangt Mühe und Zeit, fördert wohl das Verstehen der anderen Positionen, zeigt vielleicht sogar manche Gemeinsamkeiten auf, markiert aber auch die inhaltlichen Differenzen, die es zu respektieren gilt.

Die sogenannte „Theologie der Religionen" hat im Laufe der Zeit ein paar Grundhaltungen dieses Dialoges offenbart, in denen sich die genannten zwei Ausgangsfragen konkretisieren. Ich möchte die drei maßgebenden Modelle (Exklusivismus, Inklusivismus und Pluralismus) nur kurz und vereinfacht in ihrem Ansatz wiedergeben, obwohl sie jeweils in Varianten auftreten und auch weiterhin diskutiert werden.

Beim *Exklusivismus* lasse ich keine andere Religion hinsichtlich der Heilswahrheit neben meiner eigenen gelten, ich schließe andere Wahrheiten aus. Es gibt also nur eine wahre Religion, einen wahren Glauben, nämlich meinen. Beim *Inklusivismus* erkenne ich an, dass die anderen Religionen sich möglicherweise mit ihren Ansichten meiner eigenen Sichtweise anschließen können. Meine Religion sehe ich aber den anderen überlegen. Beim *Pluralismus* lasse ich jede andere Religion mit ihrer Glaubens-Wahrheit als gleichwertig neben der meinen stehen. Keine Religion gilt als „besser" oder „wahrer". Alle vertreten die letzte Wahrheit auf ihre Weise.

Für das von Swidler geforderte Gespräch auf Augenhöhe ist die erste Position faktisch untauglich, da ein Vertreter des *Exklusivismus* sich im alleinigen Besitz der Wahrheit sieht und quasi auf die anderen Glaubenswege herabschaut. Das war bis ins 20. Jahrhundert die dogmatische Auffassung der Katholischen Kirche, festgeschrieben auf dem Konzil von Florenz 1442:

„Sie [= die Kirche] glaubt fest, bekennt und verkündet, daß »niemand, der sich außerhalb der katholischen Kirche befindet, nicht nur (keine) Heiden«, sondern auch keine Juden oder Häretiker und Schismatiker, des ewigen Lebens teilhaft werden können, sondern daß sie in das ewige Feuer wandern werden, »das dem Teufel und seinen Engeln bereitet ist«, wenn sie sich nicht vor dem Lebensende ihr angeschlossen haben." (5)

Nur bedingt besser gestaltet sich die Sicht des *Inklusivismus*, der zwar positiv anerkennt, dass es in den anderen Religionen auch gültige Erkenntnisse über die letzte, göttliche Wirklichkeit geben mag, die eigene religiöse Theorie und Praxis diese Wahrheit aber in besserer Form zur Geltung bringt.

Zu dieser veränderten Haltung kam es in der Katholischen Kirche erst auf dem Zweiten Vatikanischen Konzil (1962-1965), wo es in dem Dokument „Lumen Gentium" von 1964 heißt:

„Diejenigen endlich, die das Evangelium noch nicht empfangen haben, sind auf das Gottesvolk auf verschiedene Weise hingeordnet. In erster Linie jenes Volk, dem der Bund und die Verheißungen gegeben worden sind und aus dem Christus dem Fleische nach geboren ist (vgl. Röm 9,4-5), dieses seiner Erwählung nach um der Väter willen so teure Volk: die Gaben und Berufung Gottes nämlich sind ohne Reue (vgl. Röm 11,28-29). Der Heilswille umfaßt aber auch die, welche den Schöpfer anerkennen, unter ihnen besonders die Muslim, die sich zum Glauben Abrahams bekennen und mit uns den einen Gott anbeten, den barmherzigen, der die Menschen am Jüngsten Tag richten wird. Aber auch den anderen, die in Schatten und Bildern den unbekannten Gott suchen, auch solchen ist Gott nicht ferne, da er allen Leben und Atem und alles gibt (vgl. Apg 17,25-28) und als Erlöser will, daß alle Menschen gerettet werden (vgl. 1 Tim 2,4). Wer nämlich das Evangelium Christi und seine Kirche ohne Schuld nicht kennt, Gott aber aus ehrlichem Herzen sucht, seinen im Anruf des Gewissens erkannten Willen unter dem Einfluß der Gnade in der Tat zu erfüllen trachtet, kann das ewige Heil erlangen." (6)

Auf dieser Linie bestimmte das Konzil im Jahre 1965 auch das Verhältnis der Kirche zu den nichtchristlichen Religionen neu. In der amtlichen Erklärung „Nostra Aetate" ist nun zu lesen:

„Die katholische Kirche lehnt nichts von alledem ab, was in diesen Religionen wahr und heilig ist. Mit aufrichtigem Ernst betrachtet sie jene Handlungs- und Lebensweisen, jene Vorschriften und Lehren, die zwar in manchem von dem abweichen, was sie selber für wahr hält und lehrt, doch nicht selten einen Strahl jener Wahrheit erkennen lassen, die alle Menschen erleuchtet. (…) Deshalb mahnt sie ihre Söhne, daß sie mit Klugheit und Liebe, durch Gespräch und Zusammenarbeit mit den Bekennern anderer Religionen sowie durch ihr Zeugnis des christlichen Glaubens und Lebens jene geistlichen und sittlichen Güter und auch die sozial-kulturellen Werte, die sich bei ihnen finden, anerkennen, wahren und fördern." (7)

Die Katholische Kirche hat also den radikalen Exklusivismus vergangener Jahrhunderte abgelegt und sich zu einer Haltung des Inklusivismus durchgerungen.

Erst die Haltung des *Pluralismus* scheint jedoch für den interreligiösen Dialog den passenden Boden zu bieten, weil hierbei alle Gläubigen als gleichwertig betrachtet werden. So sympathisch der Ansatz auch wirkt, er ist als Modell nicht frei von Kritik, da sich die einzelnen religiösen Wege doch in zentralen Inhalten deutlich zu widersprechen scheinen. Können also alle möglichen Glaubensauffassungen über Gott, den Menschen, die Welt, den rechten Lebensweg und ein jenseitiges Dasein wirklich gleichwertig nebeneinander stehen bleiben? Führen wirklich alle Wege in gleicher Gültigkeit zu Gott? Wird der ultimative Anspruch der eigenen Glaubens-Offenbarung nicht unzulässig eingeebnet, relativiert und anderen Auffassungen gleichgestellt? Gerade aus christlicher Perspektive ist das Modell des Pluralismus kaum akzeptabel, da der Glaube sich am Bekenntnis zu Jesus Christus festmacht, der im Johannes-Evangelium (14,6) von sich sagt: „Ich bin der Weg und die Wahrheit und das Leben; niemand kommt zum Vater, denn durch mich". Schon für Juden und Muslime ist es nicht möglich, dieses Bekenntnis anzuerkennen.

Das sind nur erste Fragezeichen, die das recht komplexe Gebiet des Dialogs und einer Theologie der Religionen ausmachen. Trotz mancherlei Bedenken vermag das pluralistische Modell den meisten Zuspruch zu finden, auch unter christlichen Theologen. So resümiert Walbert Bühlmann (1916-2007):

„Wenn Religion das ist, was sie zu sein beansprucht, nämlich der Weg der Menschen zu ihrem letzten Ziel, so scheint es, dass all den vielen Religionen eine Religion zugrunde liegt, die transzendentale Religion, die sich in den vielen Religionen konkretisiert. Jeder erkennt und achtet zunächst den Wert seiner Religion und sucht, gut (was nicht gleich ist wie fanatisch) nach ihr zu leben. Allmählich aber (und heute sind wir so weit) erkennt er auch die andern Religionen und freut sich an der Begegnung, am religiösen Gespräch mit deren Vertretern. Er entdeckt in den andern immer neu den religiösen Menschen. (...) Christus wie Buddha und Mohammed wollten nicht eine neue Religion gründen, sondern die bestehende Religion ernst nehmen und reformieren. Das Evangelium Christi ... forderte nicht den Bruch mit der Synagoge. Er kam nicht, um die bisherige Religion aufzuheben, sondern sie zu erfüllen (Mt 5,17). Diese gleiche Großzügigkeit müssen wir heute an den Tag legen." (8)

Ein Grundproblem abgrenzenden Denkens benennt Fulbert Steffensky (*1933) kritisch auch im Blick auf die eigene christliche Tradition:

„Die Grundgefahr religiöser Systeme ist, dass sie sich selber nicht endlich denken können. Sie sind immer in der Gefahr, sich Gottesprädikate zuzulegen: Sie sind die allein Seligmachenden, außerhalb von ihnen gibt es kein Heil, sie sind die Wahren, und außerhalb von ihnen ist nur Lüge und Abfall. Ihre Gefahr ist, die Welt zu säubern von den Andersheiten. Der Zwang zur Einstimmigkeit lässt sie nur schwer Fremdheiten denken und dulden. Der Verlust der Endlichkeit ist der Verlust der Geschwisterlichkeit. Nur endliche Wesen sind geschwisterliche Wesen. Sich für einzigartig zu halten, heißt immer, bereit sein zum Eliminieren. Die Anerkennung von Pluralität ist die Grundbedingung menschlicher Existenz." (9)

Doch auch in der islamischen Tradition gibt es Stimmen, die für einen offenen Horizont plädieren, z. B. den Gelehrten Ibn al-Arabi (1165-1240), der vorausschauend dazu riet:

„Schließe dich nicht ausschließlich einem bestimmten Glauben an, um alles andere nicht glauben zu müssen, sonst wirst du viel Gutes verlieren, ja, du wirst sogar die wahre Natur der Sache verfehlen. Gott, der Allgegen-wärtige und der Allmächtige, lässt sich nicht auf einen einzigen Glauben begrenzen, denn er sagt: »Wohin immer du dich wendest, ist das Gesicht Allahs«. (Koran 2,109) Jeder preist das, was er glaubt, sein Gott ist sein eigenes Geschöpf, und indem er ihn preist, preist er sich selbst. Folglich tadelt er die Überzeugungen anderer, was er nicht tun würde, wenn er gerecht wäre, aber seine Ablehnung beruht auf Unwissenheit." (10)

Diese Tendenz zu einer offenen Begegnung zeigt sich auch, wenn man die verschiedenen religiösen Traditionen danach befragt, wie sie generell zu den anderen Religionen stehen:

Das *Judentum* beansprucht keine Heilsexklusivität und sieht daher auch keinen Missionsauftrag: Auch Angehörige anderer Glaubensrichtungen können „Anteil an der kommenden Welt" erlangen, wenn sie bestimmte moralische Grundregeln einhalten. Laut Talmud hat Gott den Menschen und Völkern durchaus verschiedene Wege gewiesen bzw. erwählt.

Islam: Laut Koran gelten Judentum, Christentum und unter Umständen auch andere Religionen als Vorläufer der islamischen Gemeinschaft, deren Glauben sie (laut Mehrheitsmeinung) ebenfalls zu Gott führen könne. Der Islam sei freilich der bessere und beste Weg. Nach orthodoxer Lehre ist es Muslimen im interreligiösen Gespräch nur erlaubt, durch gutes Vorbild in bester Art miteinander einen Diskurs zu führen. Jede Form von Zwang oder Gewalt, um Andersgläubigen den Islam zu vermitteln, ist untersagt.

Der *Hinduismus* bildet weniger ein geschlossenes Glaubenssystem, als vielmehr einen Strom sehr verschiedener Gemeinschaften und Grundannahmen. Innerhinduistisch gibt es starke Traditionen des Dialoges miteinander, des Aushaltens von Unterschieden und des Bekennens grundlegender Gemeinsamkeiten. Fremde Religionen wurden und werden häufig als Aspekte der eigenen Wahrheit betrachtet und toleriert.

Der *Buddhismus* versteht sich mehrheitlich nicht als exklusive Religionsgemeinschaft, sondern als Wahrheitslehre, die sich dem Lernenden und Übenden durch eigene Einsicht und Erfahrung erschließen soll. Entsprechend gehören Gespräche und Diskussionen des Buddha und nachfolgender Mönche vor allem mit hinduistischen Brahmanen bereits zum ältesten Bestand buddhistischer Schriften. Dabei geht es jedoch eher um eine Weitergabe der Lehre als um einen gleichberechtigten Austausch." (11)

Wir müssen das nicht weiter vertiefen, da es uns speziell um die Gottesfrage geht. Was glauben nun Juden, Muslime, Hindus und Buddhisten über die Wirklichkeit, die wir im Christentum mit dem Wort „Gott" bezeichnen?

Dazu möchte ich auf einen Erfahrungsbericht des Theologen Horst Georg Pöhlmann (*1933) zurückgreifen, der zahlreiche Gespräche mit namhaften Gelehrten der anderen Religionen geführt hat und dadurch zu aufschlussreichen Einsichten gelangte, die ich hier ausschnitthaft wiedergebe. (12)

Dass Juden und Christen an denselben Gott glauben, gilt als unbestritten. „In meinem Gespräch mit dem bekannten orthodoxen jüdischen Rabbiner Marc Stern (1956-2005) wies dieser darauf hin, dass der Gott des Judentums ein Gott der Liebe ist, die ‚sich unkonsequenterweise gegen seinen Zorn durchsetzt', wie die Jonageschichte zeigt (Jona 3 und 4), — ähnlich wie der Gott des Christentums ein Gott der Liebe ist (1. Joh 4,16)": „Gott ist Liebe, und wer in der Liebe bleibt, bleibt in Gott und Gott bleibt in ihm". Oft vergessen wird auch, dass das Gebot der Nächstenliebe aus dem Alten Testament stammt: „Du sollst deinen Nächsten lieben wie dich selbst (Levitikus 19,18). Die stärkste Verbindung zwischen Judentum und Christentum ist offenbar der monotheistische Glaube, wobei Stern aber bemerkt, dass „der Islam mit seinem strengen Monotheismus diesen

Glauben an den einen Gott viel treuer bewahrt hat als das Christentum". Gemeint ist damit die leicht missverständliche christliche Lehre von der Dreieinigkeit Gottes, „als ob wir Christen an drei Personen Gottes oder an drei Götter glauben würden". Pöhlmann macht dagegen deutlich: „Dreieinigkeit Gottes heißt, der eine Gott hat drei verschiedene Begegnungsweisen — als Vater, Sohn und Geist —, er besteht aber nicht aus drei Subjekten oder drei Göttern." Dieser Graben lässt sich also überbrücken. Anders sieht es aus bei der christlichen Vorstellung der „Menschwerdung Gottes" in dem Mann aus Nazareth. Diesen Gedanken findet Stern anstößig: „Wie kann Gott ein Mensch werden, von dem es in der Bibel heißt, er ‚ist kein Mensch' (4.Mose 23,19; 1.Sam. 15,29), er ist absolutes Geheimnis." Pöhlmann weist darauf hin, „dass es in diesen Bibelstellen darum gehe, dass wir Gott nicht zum Menschen machen dürfen. Es sei ein Unterschied, ob wir Gott zum Menschen machen oder ob Gott Mensch wird. Zwischen Vermenschlichung Gottes und Menschwerdung Gottes muss unterschieden werden. Doch es war keine Einigung in der Frage der Menschwerdung Gottes möglich." An dieser Stelle ist keine weitere Übereinstimmung mehr zu erreichen. Der Jude Jesus bleibt der Stein des Anstoßes zwischen Juden und Christen, sofern letztere ihn als Messias anerkennen.

Dennoch erfährt Jesus auch aus jüdischer Sicht eine positive Würdigung, etwa durch Schalom Ben Chorin (1913-1999):

„Jesus ist für mich der ewige Bruder, nicht nur der Menschenbruder, sondern mein JÜDISCHER BRUDER. Ich spüre eine brüderliche Hand, die mich faßt, damit ich ihm nachfolge. Es ist NICHT die Hand des Messias, diese mit den Wundmalen gezeichnete Hand. Es ist bestimmt KEINE GÖTTLICHE, sondern eine MENSCHLICHE Hand, in deren Linien das tiefste Leid eingegraben ist. Das unterscheidet mich, den Juden, vom Christen, und doch ist es dieselbe Hand, von der wir uns angerührt wissen. Es ist die Hand eines großen Glaubenszeugen in Israel. Sein Glaube, sein bedingungsloser Glaube, das schlechthinnige Vertrauen auf Gott, den Vater, die Bereitschaft, sich ganz unter den Willen Gottes zu demütigen, das ist die Haltung, die uns in Jesus vorgelebt wird und die uns — Juden und Christen — verbinden kann." (13)

In seinen Gesprächen mit muslimischen Gelehrten trifft Pöhlmann immer wieder auf das Vorurteil, Allah sei ein Willkürgott, dem der Mensch hilflos ausgeliefert sei. „Die bekannten islamischen Theologen Muhammad Salim Abdullah (1931-2016) und Mehdi Razvi (1930-2013) wiesen in Gesprächen mit mir dieses oft kolportierte christliche Vorurteil energisch zurück. „Allah ist", so Razvi, „kein Willkürgott, sondern unsere Zuflucht" (so die Urbedeutung des Wortes Allah). Aber redet der Koran nicht auffallend oft vom Gericht Gottes? Allah ist nach Abdullah „ein Gott der Liebe" — ähnlich wie der Gott des

Christentums —, kein Gott des Gerichts. Allein in der Überschrift von 113 der 114 Suren des Korans sei von der Gnade und dem Erbarmen Allahs die Rede: „Im Namen Allahs, des Erbarmers, des Barmherzigen". Die Vergebung sei das letzte Wort Allahs, nicht das Gericht. Die „Gottesliebe" sei „der Mittelpunkt" des Islam. Der Islam sei keine „Gesetzesreligion", sondern eine „Liebesreligion" wie das Christentum und das Judentum."

Auch der Gedanke, Gott sei im Islam in seiner Transzendenz, der jenseitigen Dimension, völlig verborgen, so dass der Mensch keinen wirklichen Zugang zu ihm habe, erfährt von muslimischer Seite eine Korrektur: „Razvi hält das für ein „Fehlurteil" ohnegleichen. „Wir Moslems haben sehr wohl einen Zugang zu Gott. Wir können zu ihm beten und wir beten fünfmal am Tag zu ihm und er erhört uns." Razvi verwies auf Sure 50,16: „dass Gott dem Menschen näher ist als die Halsschlagader". „Allah ist nicht ein transzendenter Gott sondern ein immanenter Gott, er ist ein naher, kein ferner Gott. Transzendenz heißt lediglich, wir können Gott nicht begreifen, er ... übersteigt unsere Vernunft."

Das Thema Menschwerdung Gottes markiert auch hier eine Grenzlinie. Razvi entgegnet: „Gott wird kein Mensch. Gott kann nicht ein Geschöpf werden. Schöpfer und Geschöpf sind voneinander geschieden. Wer beide vermischt, treibt Kreaturvergötterung." Entsprechend trifft

143

auch die christliche Dreieinigkeitslehre auf Ablehnung: „Razvi zitierte Sure 4,171: „Sprecht nicht ‚Drei' ... Allah ist nur ein einziger Gott". Pöhlmann erläutert auch hier, dass Christen nicht an drei Götter glauben, sondern dass damit drei Wahrnehmungsweisen des einen und einzigen Gottes gemeint seien. „Razvi konnte dem halbwegs zustimmen, kritisierte dann freilich: „Man darf Gott nicht definieren. Definitionen sind Einschränkungen. Gott ist unbeschränkt."

Pöhlmann stellt schließlich nüchtern fest: „Der entscheidende Kontroverspunkt blieb, dass Gott aus Liebe zu uns ans Kreuz geht, dass er aus Liebe zu uns mit uns tauscht und das Gericht, das wir verdient haben, stellvertretend auf sich nimmt — in seinem Sohn. Razvi meinte dazu: „Ich respektiere deinen Weg, kann ihn aber nicht gehen. Wir gehen verschiedene Wege zu demselben Gott, ja, wir glauben an dieselbe Liebe Gottes, wenn wir sie auch auf verschiedene Weise erfahren."

Fakt bleibt: Jesus genießt in der islamischen Tradition ein hohes Ansehen. Er wird in 15 Suren (von 114) erwähnt und heißt dort „Isa". Von ihm wird gesprochen als Abd („Diener"), Nabi („Prophet"), Rasul („Gesandter"), Al-Masih („Messias"), Kalima („Wort [Gottes]"), Ruh („Geist [Gottes]") und „Bringer der Schrift". Er wird „Sohn der Maria" genannt, aber nicht „Sohn Gottes".

Über den Hinduismus denken hierzulande immer noch viele Menschen, er sei eine polytheistische Religion, vertrete den Glauben an viele Götter. Das erweist sich bei näherem Hinsehen als falsch. Pöhlmann berichtet: „Ich habe in Südindien über 100 hinduistische Tempelpriester gefragt: „Glauben Sie an einen Gott oder an viele Götter?" Fast alle antworteten, dass sie nur an einen Gott glauben. Die meisten nannten diesen einen Gott „Brahman". Auch der bekannte hinduistische Theologe Swami Harshananda (1930-2021) aus Bangalore meinte im Gespräch mit mir, der Hinduismus sei keine polytheistische Religion. „Die Götter sind nur Geschöpfe Gottes ... Der Hinduismus glaubt nur an einen einzigen Gott und er ist letztlich eine monotheistische Religion, ganz im Gegensatz zu einem christlichen Vorurteil." Die vielen Götter seien nur Inkarnationen des einen Gottes. „Es gibt nur einen Brahman. Die Götter sind nur Fenster zum Unendlichen. Sie sind nur göttliche Seelen wie wir Menschen."

Und er fährt fort: „Der Glaube an den einen Gott eint Christentum und Hinduismus. Doch wer ist dieser eine Gott Brahman des Hinduglaubens? Ist er nicht ein eigenschaftsloser und unpersönlicher Gott? Harshananda antwortete: Der eigenschaftslose Brahman heißt ‚Ishvara', wenn er Eigenschaften hat, in ihm wird der unpersönliche Brahman ‚Person'. Harshananda erinnerte

145

daran, „dass ... der Hinduglaube – im Unterschied zum Islam und zum Judentum – ganz und gar auf die Menschwerdung Gottes abzielt. Gott wird Mensch, um uns als Gast zu besuchen". „Das Christentum steht als Inkarnationsreligion dem Hinduismus näher als dem Judentum und Islam, die die Inkarnation Gottes verwerfen", war seine These. „Christus ist eine Inkarnation Brahmans". Ich konterte: Wir glauben beide an denselben Gott, und wir glauben sogar beide an die Inkarnation Gottes in Jesus Christus. Aber wir unterscheiden uns darin, dass sich für uns Christen Gott nur in Jesus Christus inkarniert, vor allem aber darin, dass sich Gott im Kreuz Jesu Christi inkarniert. Der gekreuzigte Gott trennt uns. Harshananda sah hier ebenso einen Unterschied, auch wenn er für ihn nicht so ins Gewicht fällt. Er meinte: „Ich könnte nie sagen, Gott stirbt. Gott kann nicht sterben. Gott ist unsterblich oder er hört auf, Gott zu sein."

In beiden Glaubenssystemen „geht es im Kern um Bhakti, um Liebe. Es geht darum, dass Atman und Brahman eins werden, dass die Seele mit Gott eins wird. In beiden Religionen wird die Gott-Mensch-Beziehung als Liebesakt verstanden, in dem der Liebende den Geliebten bedingungslos liebt."

Auch über den aus dem Hinduismus hervorgegangenen Buddhismus wird immer wieder behauptet, er sei eigentlich eine atheistische Religion, weil dort von keinem Gott (im monotheistischen Sinne) die Rede sei. Der buddhistische Theologe Bhikkhu Bodhi (*1944), weist diese Darstellung scharf zurück. „Der Buddhismus sei nicht ‚atheistisch‘, sondern ‚nicht-theistisch‘, weil er an keinen ‚persönlichen Gott‘, der die Welt geschaffen hat, aber doch an ein ‚Weltgesetz‘ und an ein unvergängliches Nirvana glaube sowie an kosmische Mächte, die Devas oder ‚Götter‘, die er von seiner hinduistischen Mutterreligion übernommen hat."

Das unterstreicht auch der buddhistische Theologe Buddharakkhita (1922-2013), der dem Hinayana-Buddhismus angehört: „Das ist ein westliches Vorurteil, das euer Papst ... kolportiert hat." „Der Buddhismus ist kein Atheismus, auch nicht der ältere Hinayana-Buddhismus. Wir Buddhisten glauben an etwas Göttliches oder die Transzendenz ...". Für Pöhlmann war auch erstaunlich, „dass Buddharakkhita das Nirvana als ‚das Reich der Liebe‘ umschrieb. Das Göttliche besteht für den Buddhismus in nichts anderem als in der Liebe, ähnlich wie beim Gott des Christentums."

Der amtierende Dalai Lama (*1935) ergänzt: „Wir glauben gleichwohl an etwas Göttliches (Divine), an eine Transzendenz, die aber ein absolutes Geheimnis ist, das sich allen Begriffen — personalen wie nichtpersonalen — entzieht: das Nirvana. Es ist das Unaussprechliche..., es ist eine fensterlose Transzendenz."

Das entspricht einem überlieferten Wort des historischen Buddha, der seinen Jüngern predigte:

„Es gibt, ihr Mönche, ein Ungeborenes, ein Nicht-gewordenes, das durch nichts bedingt ist. Wenn, ihr Mönche, dieses Ungeborene, Nichtgewordene, Uner-schaffene, das keine Bedingung hat, nicht sein würde, so wäre auch für dieses Geborene, Gewordene, Ge-schaffene, aus der Bedingung Erwachsene kein Entrinnen zu finden. Weil es aber, ihr Mönche, jenes Ungeborene, Nichtgewordene, Ungeschaffene, Unbe-dingte gibt, darum wird für das Geborene, Gewordene, Geschaffene, von Ursachen Bedingte eine Erlösung erkannt." (14)

Der Buddhismus ist also nicht gott-los, sondern spricht von der letzten Wirklichkeit, die Christen „Gott" nennen nur in vorsichtigen Andeutungen. Weil über diese „ungeborene" Wirklichkeit nichts Genaueres zu sagen sei, hat Buddha es auch bei diesem Hinweis belassen. Darin würde ihm auch Augustinus (354-430) zustimmen mit seiner Warnung „Wenn du ihn begriffen hast, ist es nicht Gott." Und Pöhlmanns Fazit: „Die Gemeinsamkeiten in der Gottesfrage zwischen Christentum und Buddhis-mus sind viel größer, als gemeinhin angenommen wird."

Ich möchte dieses Kapitel über die Gottesfrage in den Religionen beenden mit einer Geschichte, die ebenfalls auf ein Gleichnis Buddhas zurückgeht und das Problem des Dialoges auf anschauliche Weise beschreibt (15):

Es war einmal ein kleines Dorf in der Wüste. Alle Einwohner dieses Dorfes waren blind. Eines Tages kam dort ein großer König mit seinem Heer vorbei. Er ritt auf einem gewaltigen Elefanten. Die Blinden hatten viel von Elefanten erzählen hören und wurden von einer heftigen Lust befallen, heranzutreten und den Elefanten des Königs berühren zu dürfen und ihn zu untersuchen, um eine Vorstellung davon zu bekommen, was das für ein Ding sei.

Einige von ihnen traten vor und verneigten sich vor dem König und baten um die Erlaubnis, seinen Elefanten berühren zu dürfen. Der eine packte ihn beim Rüssel, der andere am Fuß, ein dritter an der Seite, einer reckte sich hoch auf und packte das Ohr, und ein anderer wieder durfte einen Ritt auf dem Rücken des Elefanten tun.

Entzückt kehrten alle ins Dorf zurück, und die Blinden umringten sie und fragten eifrig, was denn das ungeheuerliche Tier Elefant für ein Wesen sei. Der erste sagte: "Er ist ein großer Schlauch, der sich hebt und senkt, und es ist ein Jammer um den, den er zu packen kriegt." Der zweite sagte: "Es ist eine mit Haut und Haaren bekleidete Säule." Der dritte sagte: " Es ist wie eine Festungsmauer und hat auch Haut und Haare." Der, der ihn am Ohr gepackt hatte, sagte: "Es ist keineswegs eine Mauer, es ist ein dicker, dicker Teppich, der sich bewegt, wenn man ihn anfasst." Und der letzte sagte: "Was redet ihr für Unsinn? Es ist ein gewaltiger Berg, der sich bewegt!"

Am Ende gerieten sie darüber in Streit und es begann eine ernste Rauferei…

Warum endet ihre Erkundung des Elefanten im Streit? Ganz einfach, weil niemand einsieht, dass er nur über eine begrenzte Erkenntnis verfügt. Jeder hält seine subjektive Erfahrung für die ganze Wahrheit und denkt: Ich kenne die ganze Wahrheit, die Anderen irren sich – oder lügen. Doch letztlich haben alle Recht, denn jeder hat ja eine reale Erfahrung gemacht, die nicht zu leugnen, die es jedoch erst noch angemessen zu verstehen gilt.

Für das Gespräch der Religionen bedeutet das in einfachen Worten: 1. Das Erkennen der Wahrheit gelingt nur im Miteinander. 2. Trotzdem bleibt auch unsere Erkenntnis Gottes immer begrenzt. 3. Die Suche nach der Wahrheit verlangt den offenen Dialog, hinreichenden Respekt vor dem Gegenüber und die Bereitschaft zur Selbstkritik. Der Weg zur Wahrheit erfordert eben Verstand *und* Herz!

8. Bilanz?

Wo stehen wir nun? Können wir in Sachen Gottesfrage jetzt ein gültiges Fazit ermitteln? Wo haben dich unsere Erkundungsgänge hingeführt? Bist du zu deiner Ausgangsfrage, ob Gott existiert, für dich selber einer Antwort etwas näher gekommen? Das würde mich freuen, denn immerhin hast du bis hierher einen beachtlich langen Atem bewiesen. Möge die Anstrengung nicht vergebens gewesen sein.

Eine abschließende Bilanz in der Sache kann all das Gesagte sicherlich nicht sein. Dafür habe ich mich bewusst auf ein paar wesentliche Gesichtspunkte beschränkt, habe manche Fragestellung ausgeklammert und die gewählten Inhalte mit Absicht nicht unnötig breiter und differenzierter dargestellt, um das Ziel eines hoffentlich nützlichen Überblicks einigermaßen im Auge zu behalten. Es ist lediglich der eher bescheidene Versuch, eine grobe Schneise zu schlagen durch den kaum durchschaubaren Wald des philosophischen und theologischen Nachdenkens über Gott.

Du erinnerst dich, dass ich mich gleich zu Beginn zurückgehalten habe, deine Frage nach der Existenz Gottes unmittelbar mit einem direkten Ja oder Nein zu beantworten. Meine erste Begründung und die dann folgenden

Kapitel sollten den berechtigten Grund meiner Weigerung aufzeigen. Vielleicht kannst du daher im Nachhinein dem kritischen Hinweis von Andreas Benk (*1957) leichter zustimmen:

„»Glauben Sie an Gott?« Bei kaum einer anderen Frage ist die Rückfrage, was mit dieser Frage gemeint sei, was da mit »glauben« und »Gott« verstanden werde, so unverzichtbar, um nicht Missverständnisse zu provozieren. Das nackte Gottesbekenntnis drückt nicht aus, was einem Menschen wesentlich ist, erklärt nicht, was ihm unverzichtbar ist und worauf er sein Leben setzt. Angesichts der verzerrten und verunstalteten Gottesbilder, die uns in allen Religionen begegnen können, schließt ein unkommentiertes Gottesbekenntnis noch längst nicht ein Bekenntnis zur Menschlichkeit ein. Das reine Bekenntnis, an Gott zu glauben, ist eine nichts sagende Worthülse, die keinen Rückschluss erlaubt, was damit tatsächlich bekannt bzw. geleugnet wird. Aus diesem Grund kann es auch nicht verwundern, wenn religiöse und gottgläubige Menschen immer wieder bemerken, dass sie sich erklärten Atheisten näher verbunden fühlen als solchen, die sich als religiös und gläubig verstehen." (1)

Hat unser gemeinsames Suchen und Entdecken also nicht doch Sinn gemacht?

Das Wort „Gott" gibt zu denken. Wer sich der Mühe des informierten Nachdenkens, und seien die Schritte noch so klein, der bleibt – ich sage es mal ganz ungeschminkt – häufig in seinen religiösen Kinderschuhen stecken und kommt über klischeehafte Vorstellungen und ungetrübte

Vorurteile kaum hinaus. Da sollten wir am Ende unseres Weges doch schon besser gerüstet sein. (2)

Was konnten wir also bei den Stationen unseres Erkundungsganges herausfinden? Lass uns das unterwegs Gefundene jetzt im Rückblick nochmals kurz zusammenfassen.

Wir begannen mit der Sprache als dem wichtigsten Medium unserer Erkenntnis und Kommunikation. Wir drücken in hauptsächlich in Worten aus was der Fall ist, was wir wahrgenommen haben und als wahr betrachten. Aber unser Sprechen ist vielfach gar nicht so klar und deutlich wie wir es gerne hätten. Worte sind oft mehrdeutig, die Sprache vielschichtig. Wirklich Wichtiges können wir nur andeutend und hinweisend in Metaphern und symbolischen Ausdrücken zur Sprache bringen. Das Wahrnehmen und Benennen der Wirklichkeit hat spürbare Grenzen. Was mit Gefühlen und Beziehungen zu tun hat, entzieht sich weithin eines klaren und eindeutigen Wortes. Ist das innere Erleben schon schwierig in treffender und zweifelsfreier Weise auszudrücken, so steht es um die klare Erkenntnis und Bezeichnung der äußeren Wirklichkeit nur bedingt besser. Wir erfassen alle Wirklichkeiten nur in Fragmenten, müssen uns also in Bescheidenheit üben bei den Behauptungen darüber, was real existiert und was nicht.

Gerade die Religion ist eine symbolische Sprachwelt, in der sich das Gemeinte nicht unbedingt auf den ersten Blick erschließt. Symbolische Bezeichnungen verlangen das „Lesen zwischen den Zeilen", gehen weit über die Ebene der vordergründigen sprachlichen Ausdrucksweise hinaus. Das Angedeutete will mit den je eigenen Erfahrungen, Gedanken und Gefühlen verknüpft werden, um ansatzweise entschlüsselt zu werden. Das Wort „Gott" ist daher mit entsprechender Behutsamkeit zu gebrauchen, da es eine Wirklichkeit zu benennen versucht, die nicht in den Kategorien unseres üblichen Weltwissens unterzubringen ist.

Wir haben sodann nach den Eigenarten des Menschseins gefragt und gehört, dass wir als Menschen evolutionsbiologisch gesehen zwar zu den Tieren zählen, uns doch zugleich durch besondere Merkmale auszeichnen, die sich nicht einfach linear materialistisch mit der Biologie erklären lassen. Nur wir Menschen sind - nicht nur qualitativ höher als unsere nächsten tierischen Verwandten – mit einem Bewusstsein unserer selbst ausgestattet sowie einem Potential von Freiheit, wodurch wir weithin aus den Fesseln der Instinktsteuerung entlassen sind, dafür aber zum eigenständigen Entscheiden über unser Handeln und die Lebensgestaltung befähigt und genötigt sind. Wir sind die einzige Spezies, die nach dem Sinn ihres Daseins, nach dem Ursprung der Dinge und dem Unterschied von Gut und Böse nachdenken kann.

Der Mensch ist – und da sind sich alle großen Denker aus Vergangenheit und Gegenwart einig – ein unabgeschlossenes Wesen, eine offene Frage, ein bleibendes Rätsel. Es drängt uns über uns selbst hinaus. Wir sind, philosophisch gesprochen, Wesen der Transzendenz, offenbar geistig ausgerichtet auf eine umgreifende Wirklichkeit, ohne die sich unser dauerndes Getriebensein und unsere denkwürdige Existenz als Personen nicht befriedigend erklären lassen. Religiös ausgedrückt: Die Fraglichkeit unseres Daseins lässt sich offenbar nur verstehen durch die Annahme eines umgreifenden Horizontes, in dem für Welt und Mensch eine nachvollziehbare „Einbettung" gesehen werden kann. Dieser Horizont als solcher ist nicht strittig, eher seine religiöse Deutung. Man muss diesen nicht weiter definierbaren „Hintergrund" oder „Urgrund" der Welt nicht „Gott" nennen. Andere Begriffe vermeiden bestenfalls den religiösen Anstrich, bleiben aber genauso sprachliche Hinweise auf das Unbegreifliche. Das religiöse Denken hat dafür, jedenfalls im jüdisch-christlichen Raum, den Begriff „Gott" gewählt.

Auch unser Blick in die Wandlungen unseres Weltbildes und die Arbeit der Naturwissenschaften hat gezeigt, dass die Natur (auf der Erde und im gesamten Kosmos) keinem statischen Muster folgt, wie man früher annahm, sondern dass die Evolution (physikalisch, chemisch und biologisch) ein höchst dynamischer Prozess ist, dessen Mechanismen wir nicht wirklich durchschauen. Was Begriffe wie „Materie" und „Energie" letztlich bedeuten, ist auch für die Physiker nicht eindeutig geklärt. Die Naturwissenschaftler untersuchen, wie wir gesehen haben, nur ausgewählte Bereiche der Realität. Eine Gesamterklärung für die Welt können sie prinzipiell gar nicht liefern. Was die Welt im Innersten zusammenhält, lässt sich allein im Rahmen philosophischer oder religiöser Deutungen zu umschreiben versuchen. Das mythische Denken früherer Zeiten machte dazu tiefgründige Angebote, die selbst heute noch ihren Reiz haben, wenn sie auch nicht mehr unseren heutigen Denkstrukturen entsprechen. Die mythischen Bilder der biblischen Schöpfungserzählungen wirken in Judentum, Christentum und Islam bis heute nach. Das darin enthaltene Welt- und Menschenbild bietet eine Vielzahl von konstruktiven Impulsen für eine Welt, die von Gewalt, Hunger, Unterdrückung und einem selbstmörderischen Raubbau an der natürlichen Umwelt geplagt ist. Wer wir sind, welchen Platz wir im Universum einnehmen, wo dieser Kosmos seinen Ursprung hat, wie wir „richtig" leben sollen, das alles kann uns die Wissenschaft nicht sagen. Dazu müssen wir in größeren Zusammenhängen und über die Fakten hinausdenken, um der Wahrheit der Dinge auf die Spur zu kommen.

In nächsten Schritt haben wir uns eingehender mit dem Gottesbegriff beschäftigt, mit Ideen und Bildern, die damit verbunden wurden, und auch welch fatale Auswirkungen manche Gottesbilder auf den Menschen entwickeln können. Gottesvorstellungen sind keine harmlosen Ausmalungen eines blassen, abstrakten Begriffs, sie beeinflussen das Denken, Fühlen und Handeln des Gläubigen, positiv wie negativ. Der kritische Blick darauf ist Aufgabe der Theologie, die den Glauben verantwortbar halten soll. Das Geglaubte muss sich auch vor einer rationalen Befragung argumentativ bewähren können. Die Vernunft ist nicht der Feind des Glaubens, sie verhilft ihm eher dazu, gedanklich auf soliden Füßen zu stehen.

Wir durften auch feststellen, dass die theologische Tradition schon seit biblischen Tagen mit dem Wort „Gott" einen vorsichtigen Umgang pflegt, weil sie trotz aller wortreichen Verkündigung über Gott selber keine weitere Auskunft zu geben weiß. Der Bereich des Göttlichen entzieht sich grundsätzlich unserem sinnlichen wie gedanklichen Zugriff. Gott bleibt unbegreiflich, oder in biblische Bildsprache gewendet: „der König aller Könige und Herr aller Herren, der allein Unsterblichkeit hat, der da wohnt in einem Licht, zu dem niemand kommen kann, den kein Mensch gesehen hat noch sehen kann" (1 Timotheus 6,15f).

Auch die vielfältigen Versuche, die Existenz Gottes zu beweisen, sahen wir aus eben diesem Grund scheitern. Gott ist weder mit Beweisen noch mit Gegenbeweisen beizukommen.

Die „Väter" der modernen Religionskritik haben wir zu Wort kommen lassen. Viele berechtigte Argumente gegen den Gottesglauben in Theorie und Praxis haben sie auf den Tisch gelegt und damit das theologische Denken für immer verändert. Dennoch ist es ihnen nicht gelungen, den Gottesglauben argumentativ „mit Stumpf und Stiel" auszuhebeln und abzuschaffen. Dessen Wurzeln liegen eben tiefer. Jede vernünftige und sachliche Kritik führt letztendlich zu einer „Reinigung" des religiösen Denkens. Auch der Glaube lernt niemals aus. Die Infragestellung des Geglaubten zwingt immer wieder dazu, sich auf die Grundlagen, die eigentlichen Quellen des Glaubens zu konzentrieren, sie von fragwürdigen und entstellenden Überwucherungen zu befreien. Im Falle des Christentums bedeutet das die ständige Rückbesinnung auf das Neue Testament. An der Person und der Lehre des Mannes aus Nazareth hat sich der christliche Glaube allzeit kritisch zu messen.

Schließlich haben wir bei unserer Exkursion in die anderen Religionen heraushören können, dass sie alle von der Existenz eines einzigen Gottes ausgehen, der sich lediglich hinter höchst variablen Namen und Masken verbirgt. Die Liebe zum göttlichen Urgrund, zum Mitmenschen und zur Natur wurde überall zur zentralen Botschaft erklärt. Die faktischen Gemeinsamkeiten der verschiedenen Glaubenswege überragen eindeutig die Differenzen der einzelnen Lehrgebäude. Selbst Hindus und Buddhisten stehen den Christen im Glauben näher als mancher meint. Immer noch gehört die Mehrheit aller Erdbewohner zu einer der großen Religionen. Das beinhaltet also einen unüberbietbaren Schatz an Überlieferungen religiöser Erfahrungen sowie des Nachdenkens über Gott als dem Geheimnis dieser Welt. Heute nach Gott zu fragen, sollte also nicht leichtfertig an dieser reichen Tradition vorbeigehen.

Damit schließt sich der Kreis unserer Erkundungen, mit denen ich dir einige Facetten zur Gottesfrage und zugleich meinen eigenen Grund des Glaubens aufzeigen wollte. Wenn die gewiss nicht immer einfachen Wegstrecken dir für dein eigenes Nachdenken über Gott hoffentlich ein wenig hilfreich waren, hätte sich unser gemeinsamer Aufbruch gelohnt.

9. Anmerkungen

Kapitel 2: Beim Wort genommen

1 Vgl. Friedhelm Moser: Kleine Philosophie für Nichtphilosophen, Beck, München 2000, 200-209
2 Erich Fromm: Märchen, Mythen, Träume, DVA, Stuttgart 1980, 18
3 Zum Folgenden greife ich zurück auf eine kurze Skizze zum Mythos in R. Jungnitsch: Für den Anfang. Kleine Starthilfen für den (katholischen Religionsunterricht in der Sekundarstufe II, BoD Norderstedt 2019, 76ff
4 Hubertus Halbfas: Religiöse Sprachlehre, Patmos, Ostfildern 2012, 85
5 Dietrich Steinwede/Dietmar Först: Die Schöpfungsmythen der Menschheit, Patmos, Düsseldorf 2004, 9.15
6 Alle gekürzt und leicht verändert entnommen der Sammlung von Steinwede/Först (Anm. 5)
7 Rüdiger Kaldewey/Franz W. Niehl: Grundwissen Religion, Kösel, München 2009, 25
8 Luise Rinser: Mit wem reden, Thienemann, Stuttgart 1980, 18f
9 Ebd., 19
10 Ulrich Schnabel: Was ist Realität? In: ZEIT Wissen 01/2009 http://www.zeit.de/zeit-wissen/2009/01/Titelstrecke-Frage1-Realitaet
11 Ebd.
12 Nobert Scholl: Gott – der die das große Unbekannte, Grünewald, Ostfildern 2020, 117
13 Keith Ward: Gott. Das Kursbuch für Zweifler, WBG Darmstadt 2007, 24

Kapitel 3: Wer bist du, dass du fragst?

1 Vgl. https://www.palverlag.de/Faszination-Mensch.html
2 Joseph M. Bochenski: Wege zum philosophischen Denken, Herder, Freiburg 1959/1985 (19.Aufl.), 82. Zum Folgenden greife ich zurück auf eine kurze Skizze zum Stichwort Mensch in R. Jungnitsch: Für den Anfang. Kleine Starthilfen für den (katholischen) Religionsunterricht in der Sekundarstufe II, BoD, Norderstedt 2019, 69-75

3 Richard David Precht: Die Kunst, kein Egoist zu sein, Goldmann TB 15631, München 2012 (6. Aufl.), 88f (Auszug)
4 Hans-Dieter Mutschler: Alles Materie – oder was?, Echter, Würzburg 2016, 39 (zum Folgenden dort 39-45)
5 Ebd.
6 Petrarca: De sui ipsius et multorum ignorantia (Über seine und vieler anderer Unwissenheit), 1370
7 Zitiert nach J. Moltmann, Der verborgene Mensch, S. 6
8 Vgl. zum folgenden Robert Zimmer: Denksport Philosophie, dtv premium 26051, München 2015, 19-32 (Auszüge)
9 Ebd., 32
10 http://www.vatican.va/archive/hist_councils/ii_vatican_council/documents/vat-ii_decl_19651028_nostra-aetate_ge.html
11 J. M. Bochenski, S. Anmerkung 2, dort 89
12 Karl Jaspers: Kleine Schule des philosophischen Denkens, SP 54, Piper, München 1985 (10. Aufl.), 60
13 Herbert Vorgrimler: Neues Theologisches Wörterbuch, Herder, Freiburg 2000, 409
14 Hermann Hesse: Demian, st 206, Suhrkamp, Frankfurt/M 1976,7f

Kapitel 4: Heimat mit Fragezeichen

1 Zitiert nach Hubertus Halbfas: Das Welthaus, Calwer/Patmos, Stuttgart/Düsseldorf 1983, 120
2 Harald Lesch / Harald Zaun: Die kürzeste Geschichte allen Lebens, Piper, München 2008, 15 (leicht korrigiert)
3 Rainer Oberthür: Das Buch vom Anfang von Allem, Kösel, München 2015, 25
4 Hans-Rudolf Stadelmann: Im Herzen der Materie, WBG, Darmstadt 2004, 39
5 Alexander Mäder in: Spektrum der Wissenschaft 2.20 (spektrum.de/artikel/1693110)
6 Stadelmann (Anm. 4), ebd.
7 Hoimar von Ditfurth: Der Geist fiel nicht vom Himmel, Hoffmann und Campe, Hamburg 1976, 318; siehe auch: http://www.philos-website.de/index_g.htm?autoren/ditfurth_g.htm~main2
Vgl. dazu auch Hans-Peter Dürr / Marianne Österreicher: Wir erleben mehr als wir begreifen, Herder Spektrum 4847, Freiburg 2001. Ein dazugehöriger Videovortrag findet sich unter: https://video.tu-clausthal.de/film/wir-erleben-mehr-als-wir-begreifen.html

8   frei nach Peter Kliemann: Glauben ist menschlich,
    Calwer, Stuttgart 1989, 50ff
9   Carlo Rovelli, Die Wirklichkeit, die nicht so ist, wie sie
    scheint, Rowohlt, Reinbek 2016, 289f
10 John Lennox, Hat die Wissenschaft Gott begraben? Eine
    kritische Analyse moderner Denkvoraussetzungen, Witten
    2009, 59-60
11 Frank Vogelsang: Ist die Welt „in Ordnung"? in A. Losch /
    F. Vogelsang (Hg.): Wissenschaft und die Frage nach Gott,
    Evang. Akademie im Rheinland, Bonn 2015, 163
12 Lesch / Zaun (Anm. 2), 11
13 Eugen Drewermann: Wir glauben, weil wir lieben, Patmos,
    Ostfildern 2010, 159
14 Andreas Benk: Schöpfung – eine Vision von Gerechtigkeit,
    Grünewald, Ostfildern 2016, 231f und 218.
15 Hans Küng: Der Anfang aller Dinge. Naturwissenschaft und
    Religion, Serie Piper 4850, Piper, München 2006, 143
16 Vgl. dazu Medard Kehl: Hinführung zum christlichen
    Glauben, Grünewald, Mainz 1984, 71ff
17 Christian Kummer: "Im Wallenstein ist auch kein Platz für
    Schiller" in: Süddeutsche Zeitung vom 29.10.2009.
    Ausführlicher in seinem Buch: Der Fall Darwin.
    Evolutionstheorie contra Schöpfungsglaube, Pattloch,
    München 2009

Kapitel 5: Ein wahrlich dunkles Wort

1   Martin Buber, Begegnung. Autobiographische Fragmente.
    Neuausgabe Verlag Lambert Schneider, Heidelberg 1978[3],
    67-70 (Auszug). Zum Folgenden greife ich zurück auf meine
    Skizze „Gott/Gottesbilder" in R. Jungnitsch: Für den Anfang,
    BoD, Norderstedt 2019, 53-60
2   Karl Rahner: Grundkurs des Glaubens, Herder, Freiburg
    1976, 57f (Auszug)
3   Heinz Zahrnt: Gotteswende, SP 1552, Piper, München 1992,
    102
4   Herbert Vorgrimler: Neues Theologisches Wörterbuch,
    Herder, Freiburg 2000, 246-256. 248
5   Doris Nauer: Gott. Woran glauben Christen?, Kohlhammer,
    Stuttgart 2017, 30
6   Tilman Moser: Gottesvergiftung, Suhrkamp, Frankfurt 1976,
    13 und 17

7 Joachim Kunstmann: Leben eben! Religion für Sinnsucher – eine Anleitung, Gütersloher Verlagshaus, Gütersloh 2013, 80

8 Ebd. 79.81

9 Wilfried Härle: Warum Gott? Evang. Verlagsanstalt, Leipzig 2014 (2. Aufl.), 203

10 Günther Weber: Ich glaube, ich zweifle, Benziger, Zürich 1996, 65

11 Heinrich Denzinger: Kompendium der Glaubensbekenntnisse und kirchlichen Lehrentscheidungen, 43. Aufl., Herder, Freiburg 2010, 337 (DH 806)

12 Katholischer Erwachsenen-Katechismus. Das Glaubensbekenntnis der Kirche, hg. von der Deutschen Bischofskonferenz, Bonn 1985, 33

13 Zum Folgenden siehe R. Jungnitsch: Für den Anfang, BoD, Norderstedt 2019, 61-68. Manfred Lütz: Gott. Eine kleine Geschichte des Größten, Pattloch, München 2007, 152-155; Klaus Müller: Gott erkennen. Das Abenteuer der Gottesbeweise, Topos-TB 405, Pustet, Regensburg 2001, 34-45; Robert Zimmer: Denksport Philosophie, dtv, München 2015, 124ff

14 Vgl. Rüdiger Kaldewey / Franz W. Niehl: Grundwissen Religion. Neuausgabe, Kösel, München 2009, 130ff

15 Vgl. die Wikipedia-Artikel zum Stichwort ‚Beweis' in Mathematik und Logik.

16 Herbert Vorgrimler: Neues Theologisches Wörterbuch, Herder, Freiburg 2000, 257

17 Kaldewey / Niehl (Anm. 14), 131

18 Eugen Drewermann: Hat der Glaube Hoffnung?, Walter, Düsseldorf 2000, 296f

19 Kaldewey / Niehl (Anm. 14), 132

20 Zum Folgenden Keith Ward: Gott. Das Kursbuch für Zweifler, Primus, Darmstadt 2007/2013, 56-58 (Auszüge)

21 Meister Eckehart: Deutsche Predigten und Traktate, herausgegeben u. übersetzt von Josef Quint, Hanser, München 1963, 323 (Predigt 36)

22 Hubertus Halbfas: Der Sprung in den Brunnen, Patmos, Düsseldorf 1981, 77f

Kapitel 6: Denken als Putzmittel

1 Zitiert nach: Gregor M. Hoff: Religionskritik heute, Topos-Tb 523, Regensburg 2004, 15f

2 Ebd., 17
3 Ludwig Feuerbach: Das Wesen des Christentums, Anaconda, Köln 2014, 65.67.99
4 Hans Küng: Credo, Piper, München 1992, 23f
5 Hans Küng: Existiert Gott?, Piper, München 1978, 239
6 Uwe Schauß: „Sag, wie hast du´s mit der Religion?", Calwer, Stuttgart 2017 (2. Aufl.), 85
7 Küng: Credo (Anm. 4), 24
8 Ebd., 26f
9 Wolfgang G. Esser: Philosophische Gottsuche, Kösel, München 2002, 295
10 Karl Marx: Zur Kritik der Hegelschen Rechtsphilosophie, Deutsch-Französische Jahrbücher, 1844, S. 71/72, in: Jost, Hermand (Hg.), Der deutsche Vormärz. Texte und Dokumente (Reclam Universal-Bibliothek; Nr. 8794), Stuttgart 1997, S. 188-190.
   Der Kommunismus des "Rheinischen Beobachter", Deutsche Brüsseler Zeitung vom 12.9.1847, in: ebd., S. 190f.
   http://www.dober.de/religionskritik/marx1.html
11 Hans Küng: Existiert Gott?, Piper, München 1978, 264
12 Hans Zirker: Religionskritik, Patmos, Düsseldorf 1982, 109
13 Küng (Anm.11), 269
14 Zirker (Anm. 12), 117
15 Küng (Anm. 4), 26
16 Ebd., 25
17 Friedrich Nietzsche: Werke in drei Bänden. München 1954, Band 2, S. 126-128.
   http://www.zeno.org/nid/20009251758
18 http://www.zeno.org/Philosophie/M/Nietzsche,+Friedrich/Also+sprach+Zarathustra/Zarathustras+Vorrede
19 Zirker (Anm. 12), 128f
20 Horst Georg Pöhlmann: Der Atheismus oder der Streit um Gott, GTB 218, Gütersloh 1977, 106-108 (Auszüge)
21 Küng (Anm. 5), 455f
22 Eugen Drewermann: Gott, wo bist du?, Patmos, Ostfildern 2021, 113
23 Sigmund Freud: Die Zukunft einer Illusion, GW XIV, S. 346 ff., S. 105 ff.
   http://www.dober.de/religionskritik/index.html
24 Sigmund Freud: GW VIII, S. 127 ff.
   http://www.dober.de/religionskritik/index.html
25 nach Rüdiger Kaldewey / Franz W. Niehl: Grundwissen Religion, Kösel, München 2009, 28

26 Küng (Anm. 5) 322
27 Ebd., 339
28 Ebd., 348

Kapitel 7: Der Eine und die Vielen

1 Vgl. Hans Küng: Projekt Weltethos, Piper, München 1990
2 Hans Küng / Karl-Josef Kuschel (Hg.): Erklärung zum Weltethos, Piper, München 1993. Download unter: https://www.weltethos.org/erkl%c3%a4rung_zum_weltethos/
3 Perry Schmidt-Leukel: Theologie der Religionen, in: Lexikon des Dialogs, herausgegeben von R. Heinzmann, Herder, Freiburg 2013, Bd. 2, 676
4 Vgl. Leonard Swidler: Grundregeln für den interreligiösen und interideologischen Dialog, in: Ulrich Dehn u. a. (Hg.): Handbuch Theologie der Religionen, Herder, Freiburg 2017, 172-177 (Auszüge).
5 Heinrich Denzinger: Kompendium der Glaubensbe-kenntnisse und kirchlichen Lehrentscheidungen, 43. Aufl., Herder, Freiburg 2010, 435f (DH 1351)
6 Dogmatische Konstitution „Lumen Gentium" über die Kirche, Nr. 16. https://www.vatican.va/archive/hist_councils/ii_vatican_council/documents/vat-ii_const_19641121_lumen-gentium_ge.html
7 Erklärung „Nostra Aetate". Über das Verhältnis der Kirche zu den nichtchristlichen Religionen, Nr. 2 (Auszug). https://www.vatican.va/archive/hist_councils/ii_vatican_council/documents/vat-ii_decl_19651028_nostra-aetate_ge.html
8 Walbert Bühlmann: Wo der Glaube lebt, Herder, Freiburg 1974, 189f
9 Fulbert Steffensky in einer Bibelarbeit auf dem Ev. Kirchentag in Bremen 2009, Manuskript S. 7
10 Zitiert nach Karen Armstrong: Die Geschichte von Gott. 4000 Jahre Judentum, Christentum und Islam, Droemer, München 1993/2012, 365.
11 Auszug aus dem Wikipedia-Artikel zum Interreligiösen Dialog: https://de.wikipedia.org/wiki/Interreligi%C3%B6ser_Dialog

12 Zum Folgenden vgl. Horst Georg Pöhlmann: Die Gottesfrage im Christentum und in den Weltreligionen. Ein Erfahrungsbericht, in: R. Hempelmann (Hg.): Religionsdifferenzen und Religionsdialoge, EZW-Texte 210, Berlin 2010, 122-131 (Auszüge)

13 Schalom Ben Chorin: Bruder Jesus, dtv 1253, München 1977, 11

14 Reden des Buddha. Aus dem Palikanon übersetzt von Ilse-Lore Gunsser, Reclam Nr. 6245, Stuttgart 1976, 81f

15 Vgl. Ebd., 49ff

Kapitel 8: Bilanz?

1 Andreas Benk: Schöpfung – eine Vision von Gerechtigkeit, Grünewald, Ostfildern 2016, 175

2 Zur Vertiefung der vorgelegten Skizzen siehe die nachfolgenden Lesetipps.

10. Ein paar Lesetipps

- Andreas Benk: Schöpfung – eine Vision von Gerechtigkeit, Grünewald, Ostfildern 2016
- Albert Biesinger / Hans-Bernd Strack: Gott, der Urknall und das Leben, Kösel, München 1996
- Barbara Drossel: Und Augustinus traute dem Verstand, Brunnen, Gießen 2013
- Hans-Peter Dürr u.a.: Gott, der Mensch und die Wissenschaft, Pattloch, Augsburg 1997
- Hans-Peter Dürr / Marianne Österreicher: Wir erleben mehr als wir begreifen, Herder Spektrum 4847, Freiburg 2001
- Ralf Frisch: Atheismus adieu, Claudius, München 2018
- Rebecca Goldstein: 36 Argumente für die Existenz Gottes, Blessing, München 2010
- Hubertus Halbfas: Der Herr ist nicht im Himmel, GVH, Gütersloh 2013
- Hubertus Halbfas: Der Sprung in den Brunnen, Patmos, Düsseldorf 1981/1996
- Jeremy W. Hayward: Briefe an Vanessa. Über Liebe, Physik und die Wiederverzauberung der Welt, Fischer-Tb 14739, Frankfurt 2000
- Wilfried Härle: Warum Gott?, EVA, Leipzig 2014
- Karl Jaspers: Kleine Schule des philosophischen Denkens, SP 54, Piper, München 1985[10]
- Medard Kehl: Und Gott sah, dass es gut war. Eine Theologie der Schöpfung, Herder, Freiburg 2006
- Hans Kessler: Evolution und Schöpfung in neuer Sicht, Butzon & Bercker, Kevelaer 2009
- Hans Kessler: Gott – warum er uns nicht loslässt, Topos TB 1091, Kevelaer 2016
- Hans Küng: Der Anfang aller Dinge. Naturwissenschaft und Religion, Serie Piper 4850, Piper, München 2006
- Volker Ladenthin: Was wir wissen können und was wir glauben müssen, Echter, Würzburg 2018
- Ulrich L. Lehner: Gott ist unbequem, Herder, Freiburg 2019
- John Lennox, Hat die Wissenschaft Gott begraben? Brockhaus, Witten 2009

- Harald Lesch / Harald Zaun: Die kürzeste Geschichte allen Lebens, Piper, München 2008
- A. Losch / F. Vogelsang (Hg.): Wissenschaft und die Frage nach Gott, Evang. Akademie im Rheinland, Bonn 2015
- Friedhelm Moser: Kleine Philosophie für Nichtphilosophen, BsR 1439, Beck, München 2000
- Hans-Dieter Mutschler: Alles Materie – oder was?, Echter, Würzburg 2016
- Rainer Oberthür: Das Buch vom Anfang von Allem, Kösel, München 2015
- Ken Pedersen: Jennys Universum. Was ich meiner Tochter über Galaxien, Sternenstaub und das Leben erzählte, Integral, München 2004
- Carlo Rovelli, Die Wirklichkeit, die nicht so ist, wie sie scheint, Rowohlt, Reinbek 2016
- Norbert Scholl: Der die das große Unbekannte, Grünewald, Ostfildern 2020
- Norbert Scholl: Religiös ohne Gott, Schneider, Darmstadt 2010
- Roland Simon-Schaefer: Kleine Philosophie für Berenike, Reclam 9466, Stuttgart 1996
- Dorothee Sölle: Gott denken, Kreuz, Stuttgart 1990
- Dorothee Sölle: Es muß doch mehr als alles geben, Hoffmann und Campe, Hamburg 1992
- Hans-Rudolf Stadelmann: Im Herzen der Materie, WBG, Darmstadt 2004
- Gerd Theißen: Glaubenssätze. Ein kritischer Katechismus, Sonderausgabe, GVH, Gütersloh 2018
- Pierre Teilhard de Chardin: Der Mensch im Kosmos, Beck, München 1959
- Keith Ward: Gott. Das Kursbuch für Zweifler, WBG Darmstadt 2007
- Wolfgang Welsch: Mensch und Welt, bsr 6039, Beck, München 2012
- Robert Zimmer: Denksport Philosophie, dtv premium 26051, DTV, München 2015

**Reiner Jungnitsch:
Wie ich meiner Enkelin die Religion erkläre.
BoD Norderstedt
Hardcover
96 Seiten**

**ISBN-13:
9783753406800
14,90 €**

Eine 17-Jährige stellt mit Bedauern fest, dass sie in der Diskussion mit Gleichaltrigen beim Thema Religion und Glaube erhebliche Wissenslücken eingestehen muss. Sie möchte aber in dieser Sache gerne mehr wissen und verstehen. Googeln oder schnell im Lexikon nachschlagen? Aber da kann man nicht nachfragen. Das schafft also nicht wirklich den Durchblick. Eine bessere Gelegenheit zur Klärung scheint das Gespräch mit dem Großvater zu sein, denn der hat sich intensiv damit beschäftigt.

Reiner Jungnitsch: Ach, so ist das gemeint. Gespräche über Religion, Glaube, Christentum. BoD Norderstedt, Paperback 212 Seiten

ISBN-13: 9783752648690

9,90 €

Könnten Sie auf Anhieb erklären, was Religion eigentlich bedeutet, was es mit dem Glauben auf sich hat? Wissen Sie, warum die Bibel der modernen Wissenschaft gar nicht widerspricht, was man von Gott niemals sagen sollte? Haben Sie verstanden, worum es Jesus in seinen Gleichnissen wirklich ging, was uns die Zehn Gebote heute noch zu sagen haben? - Diese und andere Fragen beschäftigten auch einen Vater, der seinem fragenden Sohn auch in Sachen Religion eine sachliche Auskunft geben möchte. Da er sich ziemlich unsicher fühlt, holt er sich Rat bei seinem früheren Religionslehrer...

Reiner Jungnitsch: Glauben sie das wirklich?

In Briefen mit Jugendlichen das Leben und den Glauben erkunden.
BoD Norderstedt
Paperback
112 Seiten
ISBN-13: 9783746094038
5,90 €

Viele Heranwachsende verfügen heute kaum mehr über ein grundlegendes Wissen in Sachen Glaube, Religion und Christentum.

Das Anliegen der christlichen Religion verständlich darzustellen, verlangt heute andere Worte und Wege als früher. Dieses Buch greift zentrale Themen des Glaubens auf und versucht, deren Kern lebensnah zu entfalten.

Reiner Jungnitsch: Wie soll das einer glauben? Die Geschichten der Bibel besser verstehen.

BoD Norderstedt Paperback 160 Seiten ISBN-13: 9783746080949 6,99 €

Die Bibel ist heute insbesondere für junge Menschen ein fremdes und unverständliches Buch. Es bedarf immer wieder neuer Hin-Wege zum angemessenen Verstehen. Genau das wird hier für Jugendliche versucht.